Identification

E.W. KENYON

나의 신분증

E. W. 케년 지음 | 김진호 옮김

믿음의말씀사

Identification
by E. W. KENYON

ⓒ 1998
KENYON'S GOSPEL PUBLISHING SOCIETY, INC.
Printed in U.S.A.

2013 / Korean by Word of Faith Company, Korea.
Translated and published by permission
Printed in Korea.

나의 신분증

발행일　2013. 5. 4. 1판 1쇄 발행
　　　　2022. 11. 21. 1판 3쇄 발행

지은이　E. W. 케년
옮긴이　김진호
발행인　최순애
발행처　믿음의말씀사
2000. 8. 14 등록 제 68호
(우) 16934 경기도 용인시 기흥구 신정로 301번길 59
Tel. 031) 8005-5483　Fax. 031) 8005-5485
http://faithbook.kr

ISBN 89-94901-40-×　03230
값 5,000원

목차

머리말		6
제1장	동일시의 법	9
제2장	그리스도와 함께 십자가에 못 박혔습니다	12
제3장	그분은 죄가 되셨습니다	15
제4장	그분은 아프셨습니다	19
제5장	우리는 그분과 함께 죽었습니다	24
제6장	우리는 그분과 함께 장사되었습니다	32
제7장	그분은 고통받았습니다	35
제8장	우리는 그분과 함께 살아났습니다	40
제9장	그분은 의가 되셨습니다	43
제10장	그분은 사탄을 정복하셨습니다	47
제11장	우리는 그분과 함께 일으키심을 받았습니다	50
제12장	대제사장	55
제13장	그리스도는 앉으셨습니다	58
제14장	우리 안에 있는 하나님의 능력을 풀어 놓기	61
제15장	의인에 대한 사탄의 박해	73
제16장	그분의 뜻을 아는 지식	76
제17장	당신 자신의 믿음을 가지는 것	82
제18장	사랑의 동일시	93

머리말

우리는 그리스도와 우리 자신을 동일시하는 거의 알려지지 않은 사실을 다루고 있습니다.

즉시 당신은 "동일시Identification가 무슨 뜻이지요?"라고 물을 것입니다.

동일시란 그분의 대속 제물Substitutionary Sacrifice 안에서 우리가 그분과 완전한 연합complete union을 이루는 것입니다.

예를 들면 이렇게 표현됩니다. "나는 그리스도와 함께 못 박혔습니다." 이 말은 그리스도가 십자가에 못 박혀 죽으신 일에 자신을 그리스도와 동일시하는 것입니다.

나는 그리스도와 함께 죽었습니다.

나는 그리스도와 함께 장사되었습니다.

나는 그리스도와 함께 고통받았습니다.

나는 그리스도와 함께 살아났습니다.

이제 나는 그리스도와 함께 앉아 있습니다.

이 작은 전치사 With(함께)는 우리에게 매우 중요하지만 오랫동안 감추어졌던 진리를 푸는 열쇠입니다.

 이 소책자의 처음 두세 장은 새로운 창조와 관련된 하나님의 가장 위대한 계시의 방으로 들어가는 대기실로 당신을 인도할 것입니다.

제1장
동일시의 법

동일시에 관해 가르치는 것은 우리의 속량의 법적인 면입니다. 즉 그리스도께서 십자가를 지신 것에서 시작해서 아버지의 오른편에 앉으실 때까지 하나님께서 그리스도 안에서 우리를 위하여 무엇을 하셨는지를 우리에게 보여줍니다.

속량의 실제적인 면은 말씀을 통하여 성령님께서 지금 우리 안에서 하시는 것이 무엇인지를 가리킵니다.

바울은 그리스도의 대속에 대한 가르침에서 전치사 'with'를 여러 번 사용하였습니다.

"내가 그리스도와 함께with 십자가에 못 박혔으니"
갈 2:20

그리고 바울은 우리가 "그리스도와 함께with 죽었다"고 말하고 "그리스도와 함께with 장사되었다"고 말합니다.

이 말씀은 우리에게 동일시하는 것에 대한 위대한 가르침을 풀어주는 열쇠입니다.

우리가 의 안에서 그리스도와 하나가 되게 하려고 그리스도는 죄 안에서 우리와 하나가 되었습니다.

마침내 우리가 지금 그분이 어떠하심과 같이 되도록 그분이 우리가 과거에 어떠했던 것과 같이 되셨습니다.

우리가 생명 안에서 그분과 하나가 되도록 그분이 사망 안에서 우리와 하나가 되셨습니다.

이것은 이중적인 하나 됨인데, 먼저는 십자가 위에서 우리의 죄와 그분이 하나가 되는 것이며, 다음은 보좌 위의 그분의 영광 안에서 우리가 그분과 하나가 되는 것입니다.

"또 함께with 일으키사 그리스도 예수 안에서 함께 하늘에 앉히시니"엡 2:6

그분이 우리가 이전에 어떠했던 것과 같이 되셨으므로, 우리가 지금 그분의 어떠하심과 같이 된 것입니다.

우리를 살게 하시려고 그분이 죽으셨습니다.

우리를 의가 되게 하시려고 그분이 죄가 되셨습니다.

우리를 강하게 하시려고 그분이 약하게 되셨습니다.

우리에게 영광을 주시려고 그분이 수치를 당하셨습니다.

우리를 의롭다고 하시려고 그분이 정죄를 받으셨습니다.

우리를 치유하시려고 그분이 아프셨습니다.

우리가 하나님께 환영받을 수 있게 하려고 그분이 하나님의 임재로부터 버림받았습니다.

동일시하는 사실을 통하여 우리는 가장 풍성한 속량의 단계들 중 하나를 가지고 있습니다.

제 2 장
그리스도와 함께
십자가에 못 박혔습니다

바울이 "나는 그리스도와 함께 십자가에 못 박혔다"고 말했을 때, 이 말은 자신이 심판받고, 정죄받아, 버림받고, 벌거벗겨져서, 십자가에 못 박혔다는 뜻입니다.

유대인들, 특별히 바리새인들은 십자가형에 대한 생각만으로도 수치심과 두려움을 느낍니다.

다소의 사울이 그 사람 예수와 자신을 동일시하고, 그분을 자신의 구원자로 받아들이고, 그의 주님으로 고백한 그 순간 유대인들에게 그는 십자가에 못 박힌 사람이 되었습니다.

그는 버림받은 사람이 되었습니다.

갈라디아서 6:14에서 세상은 자신에 대하여 못 박히고 자신은 세상에 대하여 못 박혔다고 바울이 말한 것은 자연스러운 것입니다.

세상은 바울에게 벌거벗겨졌습니다.

이에 관하여서는 더 이상 어떤 현혹도 없었습니다.

그는 더 이상 속을 수 없었습니다.

그는 십자가에 못 박히는 것의 잔인함을 알았습니다.

그는 자신의 등에 채찍에 맞는 것을 느꼈습니다.

그는 자신이 돌에 맞아 의식을 잃었던 것을 기억했습니다.

그는 가는 곳마다 화를 내며, 원한을 품고, 그를 시기하던 사람들을 대면했습니다.

그는 세상에 대하여 벌거벗겨졌습니다.

세상이 원하는 것은 바울 안에는 아무것도 없었습니다.

강력한 메시지와 거대한 기도의 능력을 가진 이 작은 유대인은 세상에 대하여 못 박혔습니다.

십자가형이 실제로 어떤 것인지 우리는 알고 있습니다.

바울은 그분의 십자가에 못 박힘 안에서 자신이 그리스도와 동일시됨을 보았습니다.

우리는 십자가에 못 박히는 것이 죽음을 의미하는 것이 아니라는 것을 알고 있습니다.

다시 말하면, 그분의 수치와 고통 안에서 그리스도와 연합되었다는 뜻입니다.

"우리가 알거니와 우리의 옛 사람이 예수와 함께 십자가에 못 박힌 것은 죄의 몸이 죽어 다시는 우리가 죄에게 종노릇 하지 아니하려 함이니"롬 6:6

십자가에 못 박히는 것은 죽음에 이르는 길을 가리킵니다.

우리가 그리스도와 동일시됨에 대한 성령의 위대한 주장은 우리의 옛 사람, 이 마음heart에 숨은 사람, 우리의 영, 영적 죽음으로 가득한 바로 그 사람, 사탄의 본성을 가진 사람이 그리스도 안에서 십자가에 못 박혔다는 것입니다.

그리스도께서는 순교자로서 자신을 위해서가 아니라 대속물로서 십자가로 가셨습니다.

우리는 그리스도와 함께 십자가에 못 박혔습니다.

우리는 그분과 함께 못 박혀 죽었습니다.

군중들의 생각에서 십자가형의 목적은 자기들이 증오하는 이 사람을 제거하는 것이었습니다.

그러나 공의의 생각에서 그것은 그리스도는 인간의 죄 안에서 자신을 인간과 동일시하고, 인간은 그분의 십자가형 안에서 우리를 그리스도와 동일시하는 것을 뜻합니다.

제3장
그분은 죄가 되셨습니다

그리스도께서 가시로 된 왕관을 쓰시고 아우성치는 군중들에게 에워싸여 십자가에 못 박히자마자, 우리의 속량의 위대한 드라마 안에서 공의는 무대 뒤에서 끔찍한 일을 시작하였습니다.

그 십자가를 에워싸고 있었던 감각 지식을 가진 남녀들은 십자가에 매달려 있는 육신의 예수님만을 볼 수 있었습니다.

하나님은 그분의 영을 보실 수 있었습니다.

천사들은 그분의 영을 볼 수 있었습니다.

귀신들은 그 몸 안에 숨어 있는 진짜 사람을 볼 수 있었습니다.

그 다음에는 고린도후서 5:21이 성취되는 두려운 시간이 되었습니다.

"하나님이 죄를 알지도 못하신 이를 우리를 대신하여

죄로 삼으신 것은 우리로 하여금 그 안에서 하나님의 의가 되게 하려 하심이라."

"그가 찔림은 우리의 허물 때문이요 그가 상함은 우리의 죄악 때문이라 그가 징계를 받으므로 우리는 평화를 누리고 그가 채찍에 맞으므로 우리는 나음을 받았도다."사 53:5

그 끔찍한 십자가 위에서 그분은 죄가 되셨을 뿐만 아니라 저주가 되셨습니다. 갈라디아서 3:13은 우리에게 이렇게 말합니다. "그리스도께서 우리를 위하여 저주를 받은 바 되사 율법의 저주에서 우리를 속량하셨으니 기록된 바 나무에 달린 자마다 저주 아래에 있는 자라 하였음이라."(여기서 "우리"는 유대인들을 가리킵니다.)

그분은 첫 언약 아래 있는 한 사람의 유대인으로 오셔서 그 언약 아래 있던 모든 사람들을 그 율법의 저주로부터 속량하시려고 오셨습니다.

그분께서 십자가에 달리셨을 때, 그분은 죄가 되었을 뿐만 아니라 저주가 되었습니다.

하나님께서 그분에게서 등을 돌리신 것이 무슨 놀라운 일인가요?

그분께서 고통 속에서 "나의 하나님 나의 하나님 어찌하여 나를 버리셨나요?"라고 외치신 것이 무슨 놀라운 일인가요?

그분은 심판받는 죄인의 자리를 차지하셨습니다.

어둠의 모든 세력들이 그분을 압도했습니다.

그분은 우리의 죄를 위한 대속물이었습니다.

그의 죄로 여겨진 것이 아니었습니다. 죄의 값이 그가 치를 것으로 여겨진 것이 아니었습니다. 그분이 죄가 되셨습니다.

깜짝 놀라게 하는 이 생각은 우리의 감각에 현기증이 나게 합니다.

우리는 이해할 수 없습니다.

오직 우리의 영만이 그분의 고통의 깊이를 추측할 수 있을 뿐입니다.

우리는 바울이 이렇게 외치는 소리를 들을 수 있습니다. "내가 그리스도와 그 부활의 권능과 그 고난에 참여함을 알고자 하여 그의 죽으심을 본받기를 원합니다."빌 3:10

바울의 기도는 사람들을 놀라게 합니다.

그는 그리스도의 죽음의 고통을 나누기 원했습니다.

그는 그분의 고통에 참여하여 알기를 원했습니다.

그러나 바울은 그럴 수 없었습니다.

아무도 그럴 수 없었습니다.

어떤 천사도 그럴 수 없었습니다.

이는 오직 하나님 자신만이 하실 수 있는 일이었습니다.

그 아들을 죽음에 내어 주셨을 때 하나님은 형언할 수도 없는 사랑을 보여주셨습니다.

제4장

그분은 아프셨습니다

이 끔찍한 드라마의 다음은 이사야 53:3-5에서 볼 수 있습니다.

"그는 멸시를 받아 사람들에게서 버림받았으며 고통의 사람이고 질병을 아는 사람이다. 사람들이 그에게 얼굴을 숨김으로 그가 멸시를 받았으나 우리도 그를 귀하게 여기지 않았다. 참으로 우리 질병을 그가 짊어졌으며 우리 고통을 그가 메었다. 그런데도 우리는 그가 하나님의 치심으로 맞으며 괴로움을 당한다고 생각했다. 그는 우리의 범죄로 인하여 찔리게 되었고 우리의 죄악 때문에 짓밟히게 되었다. 우리의 평화를 위한 훈계가 그에게 있었고 그의 상처로 우리가 낫게 되었다."

이는 로마 군인들이나 화난 무리들이 행한 것이 아니었습니다. 하나님께서 하신 일이었습니다.

우리의 죄와 질병들 때문에 그분이 하나님께 맞으며

괴로움을 당했다는 것을 깨닫고 우리는 충격을 받습니다.

인류의 죄와 질병들이 그분께 놓였습니다.

"여호와께서 그를 병으로 상하게 하기를 원하셨으니" 사 53:10

그분은 죄가 되셨을 뿐만 아니라 아픈 가슴으로 "나의 하나님 나의 하나님 어찌하여 나를 버리시나이까?"라고 외치기까지 그의 아버지로부터 분리되어 있었으며 인류의 죄들이 그분께 떨어졌습니다.

"많은 사람들이 그를 보고 놀랐으니 그의 모습이 다른 사람보다 상했으며 그의 용모가 사람들보다 상했다(그의 모습은 너무나 상해서, 사람 같지 않았고, 그의 모양은 인자 같지 않았으며, 얼마나 일그러졌는지 사람의 모양이 아니었고, 그의 얼굴은 더 이상 사람의 얼굴이 아니었다)." 사 52:14, 히브리어 직역 구약성경(허성갑 역, 토라하우스, 2009

이것은 영적인 고통이었습니다.

이때 마음heart의 숨은 사람이 죄가 되었을 뿐만 아니라 질병이 되셨습니다. 이것이 십자가의 고통의 영적인 면이었습니다. 이때 우리의 죄와 질병들이 그분의 영에 놓였습니다. 그의 영은 죄가 되었습니다. 그의 영은 병들었습니다. 그가 죄가 되었으며 우리가 십자가 위에서 그분과 동일시되었다는 것을 영이 받아들일 수 있다면 우리는 그분의 대속적인 사역의 실재the reality of his substitutionary work를 깨달을 수 있습니다. 우리들 대부분에게 이 진리는 실재가 아니라 교리로만 존재해왔습니다. 하나님께서는 우리의 죄만 그분께 담당시켰을 뿐 아니라 우리를 그분께 담당시키셨습니다. 이 제물 안에는 그분의 영과 혼과 몸 전체가 포함되었습니다.

우리는 그 안에서 그분과 함께 십자가에서 못 박혔습니다. 우리의 질병들은 그분의 일부였습니다. 영이 이 사실을 알게 되면 질병의 지배는 끝이 날 것입니다. 만일 그분이 우리의 질병으로 아프게 되셨다면 사탄은 우리에게 질병에 걸리게 할 법적 권리가 없으며 예수 이름으로 우리는 사탄의 능력으로부터 우리 자신을 자유롭게 할 수 있습니다.

맞습니다. 우리는 죽을 몸을 가지고 있습니다만, 이 죽을 몸은 하나님의 생명으로 가득 차 있습니다. "참으로 이 장막에 있는 우리가 짐 진 것 같이 탄식하는 것은 벗고자 함이 아니요 오히려 덧입고자 함이니 죽을 것이 생명에 삼킨바 되게 하려 함이라"고후 5:4

"죄가 너희를 주관하지 못하리니"롬 6:14

문자적으로 "죄가 너희에게 주인 노릇을 못하리니"라고 번역할 수 있습니다. 질병이나 고통은 우리에게 주인 노릇 할 수 없습니다. 사탄이 더 이상 지배할 수 없다면 그는 우리에게 질병에 걸리도록 할 수도 없습니다. 우리는 질병이 영적이라는 것을 이해하고 있습니다. 아픈 것은 우리 육체에 질병으로 나타납니다. 세상은 우리의 몸이 아픈 것을 보고 있고 하나님은 우리의 영이 아픈 것을 보고 있습니다. 하나님은 말씀을 통하여 우리를 고치십니다. 우리의 영을 고치는 것은 말씀입니다. 우리를 재창조하는 것은 말씀입니다. 믿음이 생기게 하는 것은 말씀입니다.

우리가 실제로 그리스도 안에서 새로운 피조물이라는 것을 우리에게 보여주는 것은 말씀입니다. 그러므로 우리의 병든 영에게 치유를 가져오는 것은 말씀입니다. 아픈 것은 우리의 몸에 영적인 상태가 나타난 것입니다. 그분이 죄가 되셨고, 그분이 우리의 죄를 없애셨다면 우리는 죄에게 지배당할 필요가 없습니다. 만일 그분이 우리의 고통으로 아프셨고 우리의 질병을 없애셨다면 우리는 고통과 질병에게 지배당할 필요가 없습니다. 우리의 질병과 고통과 함께 우리는 그리스도 안에서 십자가에 못 박혔습니다. 이것을 알게 되면 우리는 더 이상 믿음과 의와 거룩함을 위해 애쓸 필요가 없습니다. 왜냐하면 우리는 우리가 십자가에 못 박혔으며 그분과 함께 죽었고, 그분과 함께 장사되었으며, 그분과 함께 고통받고, 그분과 함께 살아났으며, 그분과 함께 의롭게 되었으며, 그분과 함께 사탄을 정복했으며, 그분과 함께 일어났으며, 마침내 그분과 함께 앉아 있다는 것을 알게 될 것이기 때문입니다.

대속제물 전체 프로그램은 말씀을 통하여 성령님에 의해 우리 안에 실재가 되었습니다. 이 모든 것들이 이제 우리의 것입니다.엡 1:3

제 5 장
우리는 그분과 함께 죽었습니다

 예수님은 십자가 위에서 두 번 죽으셨습니다. 이 사실을 나는 수년 동안 알고 있었지만 증거가 될 만한 성경 구절을 알지 못했습니다. 어느 날 오랜 추적에 대한 해답으로 나는 이사야 53:9을 발견했습니다. "그의 무덤이 악인들과 함께 있었으며 그가 죽은 후에 부자와 함께 있었도다(And they made his grave with the wicked, and with a rich man in his deaths)."

 여기서 "죽음"이란 단어는 히브리어로 복수형입니다. 관주가 있는 성경을 가진 여러분 대부분은 발견할 것입니다. 주 예수님은 육체적으로 죽기 전에 영적으로 죽으셨으므로 십자가 위에서 두 번 죽으셨습니다.

 요한복음 10:18에서 예수님은 아무도 그에게서 생명을 빼앗을 자가 없다고 말씀하셨습니다.

그분은 죽임당하지 않을 수도 있었고 죽지 않을 수도 있었습니다.

왜냐하면 그분의 몸은 죽을 몸이 아니었기 때문입니다. 예수님은 죄짓기 전의 아담의 몸과 같은 몸을 가지고 계셨습니다. 그분의 몸은 죽지 않는 불멸의 완전한 인간의 몸이었습니다. 그분의 몸은 죄가 그분의 영을 소유하기 전에는 죽을 수 없는 몸이었습니다. 다른 말로 하면, 예수님은 육체적으로 죽기 전에 영적으로 죽어야만 했습니다. 만일 예수님의 몸이 당신과 나의 몸과 같았더라면 그분은 신이 아니었으며, 대속물이 아니었으며, 그분은 우리를 대신하여 죽지 않았으며, 그분은 단지 순교자로서 온 것입니다.

그러나 그분께서 첫 사람 아담과 같이 죽을 몸을 가지지 않았기에 죽음에 굴복하지 않았고(즉 사탄에게 굴복하지 않았고), 그러므로 그분은 하나님이었습니다.

앞장에서 우리는 그리스도와 함께 십자가에 못 박힌 사람을 보았습니다. 여기서 우리는 인류가 십자가에 못 박혀 죽으신 분과 함께 죽은 것을 알았습니다. 바울은 "우리가 그리스도와 함께 죽었으면 또한 그와 함께 살 것이요"라고 로마서 6:8과 디모데후서 2:11에서 말하고 있습니다.

이 성경구절에서 우리는 그분이 죽으셨을 때 우리도

죽었다는 것을 알게 됩니다. 그분은 우리의 대속물 substitute이었습니다. 우리는 십자가에서 그분과 하나였습니다. 우리는 그분의 죽음에서 그분과 하나였습니다. 그분은 우리 대신에 우리가 받을 심판을 받고 죽으셨습니다. 그분은 죄가 되셨기 때문에 죽으셨습니다. 우리가 그분을 영접하면 우리에게는 심판이 있을 수 없습니다.

"여호와께서 그에게 상함을 받게 하시기를 원하사 질고를 당하게 하셨은즉 그의 영혼을 속건제물로 드리기에 이르면 그가 씨를 보게 되며 그의 날은 길 것이요 또 그의 손으로 여호와께서 기뻐하시는 뜻을 성취하리로다 그가 자기 영혼의 수고한 것을 보고 만족하게 여길 것이라 나의 의로운 종이 자기 지식으로 많은 사람을 의롭게 하며 또 그들의 죄악을 친히 담당하리로다 그러므로 내가 그에게 존귀한 자와 함께 몫을 받게 하며 강한 자와 함께 탈취한 것을 나누게 하리니 이는 그가 자기 영혼을 버려 사망에 이르게 하며 범죄자 중 하나로 헤아림을 받았음이니라 그러나 그가 많은 사람의 죄를 담당하며 범죄자를 위하여 기도하였느니라."사 53:10-12

이 말씀이 바울의 계시와 똑같이 들리지 않습니까? 바울의 계시란Pauline Revelation, 예수님께서 십자가 위에서 죄가 되신 때부터 하나님의 오른편에 앉으셨을 때까지 무슨 일이 일어났는지에 대해 보여준 것입니다.

다른 어디에서도 우리는 이 지식을 발견할 수 없습니다. 이것이 대속substitution입니다.

이것은 위대한 대속적인 진리에 대한 예언의 한 부분입니다. 그분은 죽음에 자신의 생명을 쏟아 부었습니다. 그분의 죽음을 통하여 우리는 살아나게 되었습니다. 그분을 죽인 것은 우리의 죄였습니다. 우리에게 생명을 주신 것은 그분의 의입니다. 우리가 생명의 잔을 마시도록 그분은 죽음의 잔을 마셨습니다.

그분이 죽음에서 일어나기 전에 이루신 강력한 사역 안에서 그분은 죽음의 주됨을 파괴하셨습니다. 죽음이 그분을 죽인 것은 자신을 죽인 것이었습니다. 죽음이 그분을 이기도록 허락했을 때 그분은 죄를 정복하셨습니다. 사탄이 그분을 주장하도록 허락했을 때 그분은 사탄을 정복하셨습니다. 질병이 그분을 소유하도록 허락했을 때 그분은 질병을 정복하셨습니다. 영적인 생명 안에서 우리가 하나님과 하나가 되도록 하시려고 그분은 영적인 죽음 안에서 사탄과 하나가 되었습니다.

"하나님이 죄를 알지도 못하신 이를 우리를 대신하여 죄로 삼으신 것은 우리로 하여금 그 안에서 하나님의 의가 되게 하려 하심이라"고후 5:21

그분은 약함과 죄와 질병과 영적 죽음 안에서 우리와

하나가 되셔서 의와 완전한 건강과 아버지와의 교제 안에서 우리를 그분과 하나가 되게 하셨습니다. 그분은 우리를 자유롭게 하시려고 죽음의 수감자가 되셨습니다. 공의의 마음the mind of justice에서는, 우리가 그리스도와 함께 죽었을 때 우리는 죄와 죄의 다스림에 대하여 죽은 것입니다. "죽은 자는 죄에서 벗어나 의롭게 되었습니다."롬 6:7

그분은 영적 죽음이 주인 노릇하는 것으로부터 자유로우셨습니다. 하나님의 마음에 십자가형은 우리가 부활과 새로운 탄생 안에서 그리스도와 완전히 하나가 되는 것이며, 그리스도 안에서의 완전한 하나입니다. 예수께서 죽음에 굴복하심으로써 죽음을 정복하신 것과 똑같이 새로운 피조물로서 우리는 예수님의 주되심에 굴복함으로써 사탄을 정복합니다. 그분께서 우리의 죄와 함께 죄가 되셨을 때 우리와 우리의 질병들은 그분에게 놓여졌고 그분의 일부가 되었습니다.

그분의 하나님의 본성에 참여하는 자가 됨으로써 우리는 치유받았습니다. 질병과 아픔은 새로운 피조물에 속한 것이 아닙니다. 하나님의 자녀가 아픈 것은 아버지의 마음에는 비정상적인 일입니다. 우리는 그분과 함께 죽었습니다. 우리는 죄의 다스림에 대하여 죽었습니다. 우리는 질병의 다스림에 대하여 죽었습니다. 우리는 환경과 습관의 다스림에 대하여 죽었습니다. 베드로전서 2:24이 실재가 됩니다. "친히 나무에 달려 그 몸으로 우리 죄를 담당하셨으니 이는 우리로 죄에 대하여 죽고 의에 대하여 살게 하려 하심이라 그가 채찍에 맞음으로 너희는 나음을 얻었나니"

   십자가 위에서 죄와 심판 안에서 그분과 철저하게 하나가 되는 것이 동일시입니다. "죄에 대하여 죽었으므로" 그분의 죽음과 우리의 죽음은 똑같습니다. 이것은 그분의 육체적 죽음이 아닙니다. 영적 죽음입니다. 그분은 두 번 죽으셨습니다. 그분은 우리의 영적 죽음에 참여하셨습니다. 우리는 그 심판 안에서 그분과 철저하게 하나였습니다. "우리가 의에 대하여 살게 하려 하심이라." 다른 말로 하면 그분이 우리의 죄에 참여하신 것과 같이 우리가 그분의 의에 참여하도록 하시고, 그분이 우리의 죄와 함께 죄가 되신 것과 같이 우리가 의가 되게 하셨습니다. 그 다음의 놀라운 말씀은 "그가 채찍에 맞음으로 너희는 나음을 얻었도다"입니다. 그분은 우리의 죄의 본성을 가졌을 뿐 아니라 우리의 질병도 가지셨습니다. 그분은 우리의 질병들을 가져가셨습니다. 그분이 죄를 없이 하실 때 질병들도 없이 하셨습니다. "그가 채찍에 맞음으로 우리는 치유받았습니다." 이것은 신나는 일입니다.

그분이 우리를 대신하여 죄와 질병들이 되심으로써 죄와 질병들을 없애셨으니 우리가 우리를 대신하여 그분이 하신 일을 받아들일 때 우리는 그분의 의와 치유에 참여합니다.

그리스도께서 우리의 죄 대속물sin substitute로서 단번에 죽으셨습니다. 심판을 받음으로써 그분도 우리를 대신해서 공의의 요구를 만족시키셨습니다. 그분께서 대속의 자리, 심판받는 자리, 고통받는 자리에 가셨을 때 이 공의의 요구들을 가지고 가셨습니다. 그리스도께서 완성하신 사역이 완전한 것처럼 아버지께서는 그리스도 안에서 우리를 완전하게 보신다는 것을 나는 확신합니다.

그분은 우리의 사탄과의 연합을 완전한 연합으로 보셨습니다. 우리는 마귀와 하나였습니다. 그분은 우리의 영적 죽음을 그리스도께 놓았습니다.

"우리는 그리스도 예수 안에서 하나님이 만드신 바라(그분의 작품이다)"엡 2:10

이 일은 그분께서 죽음에서 살아나기 전에 위대한 장인이신 그리스도에 의해 되어졌습니다. 이제 아버지께서는 우리를 그리스도 안에서 너무나 아름답고 완전한 자로 바라보십니다.

이 아름다움은 모두 그분의 아름다움입니다. 그분은

자신이 기뻐하시도록 우리를 만드셨습니다. 우리는 그리스도 안에서 죄에 대하여 단번에 죽었습니다. 우리는 사탄의 지배에 대하여 죽었습니다. 우리는 우리를 잡고 있던 옛 습관에 대하여 죽었습니다. 우리는 다시 죽을 필요가 없습니다. 그리스도와 함께 날마다 죽는다는 이론은 "나는 십자가에 못 박힌다I am crucified"라고 잘못 번역한 것에서 나옵니다. 고린도전서 15:31에서 바울은 사자들이 있는 곳으로 던져질 것을 기대하는 육체적 죽음의 임재 안에 살고 있는 것을 말하고 있습니다. 우리는 그리스도와 한 번 죽었습니다. 이제 우리는 그분과 함께 살면서 그분과 함께 다스리고 있습니다. 그분의 완전한 속량은 우리의 것입니다. 그분의 완전한 의는 우리의 것입니다. 그분이 어떤 분인지와 그분이 하신 모든 일은 우리의 것입니다All He is and did is ours. 우리가 어떤 사람인지도 그분의 것입니다All we are is His. 아버지께서는 그리스도 안에서 우리를 그리스도와 하나가 되도록 만드셨습니다.

제6장
우리는 그분과 함께 장사되었습니다

 그분이 어떻게 우리의 죄와 함께 죄가 되셨는지와 어떻게 우리의 병을 짊어지고 우리의 대속물이 되셨는지를 우리는 보았습니다.

 십자가 위에서 절대적인 원수의 지배와 능력 아래 그분이 있는 것을 우리는 보았습니다.

 그분이 십자가를 떠나 우리의 질병과 죄를 지고서 우리가 갇혀 있어야 할 곳으로 이동되는 것을 우리는 보았습니다.

 사탄이 만족해하는 것을 우리는 볼 수 있었습니다.

 사탄이 그 감옥에 예수님을 포로로 잡아놓고 지옥에서 크게 축하하는 것을 우리는 볼 수 있었습니다.

 사도행전 2장 24, 27, 31-32절을 읽어 보십시오.

 블레셋 사람들이 삼손의 눈을 빼고 무력한 그를 묶어

놓고 얼마나 기뻐했는지를 기억할 것입니다.

죽었던 나사로를 살려내고, 죽음과 질병의 능력을 파괴하고, 바람과 파도를 다스리며, 눈앞의 전투에서 사탄을 패배시켰던 그분이 정복을 당하며 마귀와 하나가 된 것은 지옥에서 얼마나 대단한 볼거리였을까요.

그들은 오랜 세월 있었던 모든 질병들을 그분 안에서 볼 수 있었습니다.

그분의 몸을 십자가에서 가져다가 기름을 바르고 요셉의 무덤에 두었을 때 그분이 무엇을 겪고 있는지, 그분이 어떤 고통을 당하고 있는지 그들은 도무지 알지 못했습니다.

예수님이 어디 계시며 무슨 일을 하시는지 세상은 조금도 알지 못했습니다. 그들은 그분의 몸을 무덤에 두었고 로마 정부는 무덤을 봉하고 예수님의 몸이 도난당하지 않도록 지킬 경계병들을 세웠습니다.

그들은 그분이 "나의 하나님, 나의 하나님, 어찌하여 나를 버리십니까?"라고 외치는 소리를 들었습니다. 하나님은 그들이 사랑했던 그분을 버리셨습니다. 그들은 모든 소망을 잃어버렸습니다. 그들은 그가 이스라엘을 속량하게 될 것이라고 생각했습니다. 사흘 밤낮 동안 하나님의 어린 양은 지옥에서 우리를 대신하는 자 Substitute가 되셨습니다. 그분은 우리 대신 거기 계셨습니다. 그분은 우리의 고통과 질병과 죄와 불의를 가지셨습니다. 그분은 거기서 공의의 요구가 완전히 만족되기를 기다리고 계셨습니다.

이런 시간은 이전에도 없었고 이후에도 결코 있을 수 없습니다.

인류의 죄에 대한 충분한 벌을 받아야 하는데 그분이 받으셨습니다.

그분이 죄가 되었을 때 그분은 사탄과 하나가 되었으며, 우리가 재창조되었을 때 이제 우리는 그분과 하나가 되었습니다.

제 7 장
그분은 고통받았습니다

그분은 온 인류가 받을 고통을 겪으셨습니다. 하나님께서 사람들을 대신하여 고통받으신 것입니다.

시편 88편은 이렇게 번역되었습니다.

"당신께서 깊은 구덩이 가장 어두운 곳, 깊은 곳에 저를 두시고(He laid Him in the lowest pit, the pit of the underworld, in the dark places, in dense darkness)." 6절, 히브리어 직역

"주님은 주님의 진노로 나를 짓눌렀으며 주님의 파도로 나를 압도하였습니다." 7절, 새번역

"내가 밤낮 나의 하나님을 불렀으나 듣지 않으셨습니다."

"고통으로 가득하고 악으로 무겁습니다. 당신은 나를 죽음의 왕국 스올로 데려가셨습니다. 나는 하나님이 없는 자가 되었습니다(Full of trouble, weighted with evils. Thou hast brought me to Sheol, the kingdom of death. I am became a man without God)." 3절

심령으로 받아들일 수가 없었습니다.

이런 진리 앞에서 마음도 할 말이 없습니다.

"혼란스러움 가운데 당신의 두려움으로 나는 혼란스럽고 무기력하나이다. 당신의 맹렬한 진노가 폭발하여 당신의 진노의 물들이 나를 끊어버렸습니다(While distracted-I endure, I am brought low, I am turned backward. I have borne thy terrors so that I am distracted-helpless. The outbursts of Thy wrath, thy streams of wrath have cut me off)." 15-16절

"당신께서는 사랑하는 자와 이웃을 저로부터 멀리 두셨으니 제 친지들을 어두운 곳에 두셨습니다(Thou hast removed from me mine acquaintances, Even lover and friend, in the Place of Darkness)." 18절

지옥에서 볼 수 있는 네 가지 하나님의 특성

이제 우리는 가장 눈에 띄는 그리스도의 특성에 이르렀습니다.

그분은 부르짖었습니다. "당신께서는 죽은 자에게 이적을 보이시렵니까? 죽은 자들이 일어나 당신을 찬양하겠습니까?"

저 아래 그 끔찍한 곳에서 하나님은 그분의 놀라우신 일을 죽은 자들에게 보이셨습니다.

그분의 능력을 보여 주셨습니다

그분은 죄의 끔찍함과 하나님의 절대적인 공의로움을 그들에게 보여주셨습니다.

그분의 사랑을 보여 주셨습니다

무엇보다도 그분은 하나님의 신실한 사랑을 보여주셨습니다.

그분은 말씀하셨습니다. "당신의 신실한 사랑이 무덤에서 보여질까요?"

그분의 영원한 신실하심이 나타났습니다

"멸망 가운데도 당신은 신실할까요? 어둠 가운데서 당신의 이적이 알려질까요?"

그분의 의가 나타났습니다

"잊혀진 땅에서 당신의 의를 알 수 있을까요?" 그들은 우리의 죄를 가지고 죄가 되신 예수님을 보았고, 죄가 되시기 전의 그분과 똑같이 의로운 예수님을 보았습니다.

그분이 의롭게 된 것을 보고서 사탄은 새로운 창조 안에 있는 사람에게는 의가 가능하다는 사실을 목격했습니다.

사망의 영역에서 그리스도는 살아나셨습니다.

그분은 "죽음으로부터 나오신 맏아들the firstborn out of death"이라 불렸습니다.

하나님은 그분께 "너는 내 아들이라, 오늘 내가 너를 낳았다."고 하셨습니다.

지옥의 군대가 그분이 죽음으로부터 나와 태어나는 것을 보았습니다. 그들은 하나님의 승리와 맞상대가 없는 우리 그리스도의 영광을 목격하였습니다.

그분의 죽음과 받으신 고통뿐만 아니라 그분의 승리와 영광까지 그림을 그리듯 우리에게 보여 주시니 얼마나 좋습니까?

영원토록 우주의 최고 법정 기록 보관실에는 아들이 지옥에 가셨던 것과 사탄을 무찌르신 일과 사람의 합법적인 속량에 관한 기록이 존재할 것입니다.

그들은 그리스도께서 정사와 권세를 자신으로부터 벗겨 버리는 것을 보았습니다.

그들은 그리스도께서 죽음을 다루는 사탄의 능력을 무력화시키는 것을 보았습니다.

그들은 그리스도께서 어둠의 세력의 지도자가 이끄는 군대를 정복하는 것을 보았습니다.

그들은 그리스도께서 사탄으로부터 그가 에덴동산에서 아담에게서 빼앗았던 권세와 통치를 벗겨 버리는 것을 보았습니다.

그들은 죽음에서 살아나신 승리자인 그분을 보았습니다.

그들은 그것이 바로 새로운 피조물의 승리라는 것을 알았습니다.

그들은 우리가 그분과 함께 의롭게 되고 함께 일으켜지고 함께 승리자가 되어 함께 살아나는 것을 보았습니다.

요한계시록 1:17-18은 그리스도의 승리의 노래입니다.

"나는 처음이요 마지막이니 곧 살아 있는 자라 내가 전에 죽었었노라 볼지어다 이제 세세토록 살아 있어 사망과 음부의 열쇠를 가졌노니."

제 8 장

우리는 그분과 함께 살아났습니다

"또 범죄와 육체의 무할례로 죽었던 너희를 하나님이 그와 함께 살리시고"골 2:13

"허물로 죽은 우리를 그리스도와 함께 살리셨고"엡 2:5

이것이 속량의 핵심입니다.

"만일 우리가 그의 죽으심과 같은 모양으로 연합한 자가 되었으면 또한 그의 부활과 같은 모양으로 연합한 자도 되리라"롬 6:5

여기서 우리는 영원한 것들의 기적에 대하여 증거합니다. 이 일은 죽음의 지하 감옥에서 일어났습니다.

"곧 하나님이 예수를 일으키사 우리 자녀들에게 이 약속을 이루게 하셨다 함이라 시편 둘째 편에 기록한 바와 같이 너는 내 아들이라 오늘 너를 낳았다 하셨고"행 13:33

성령에 의해 바울은 우리에게 골로새서 1:18을 주었습니다.

"그는 몸인 교회의 머리시라 그가 근본이시요 **죽은 자들 가운데서 먼저 나신 이시니.**" 그분은 우리의 죽음과 함께 죽으셨습니다. 그분은 영적으로 죽으시고 육체가 죽으심으로 두 번 죽으셨습니다.

"그리스도께서도 단번에 죄를 위하여 죽으사 의인으로서 불의한 자를 대신하셨으니 이는 우리를 하나님 앞으로 인도하려 하심이라 육체로는 죽임을 당하시고 영으로는 살리심을 받으셨으니"벧전 3:18

여기서 영은 성령이 아니라 예수의 영이었습니다.

엄청난 변화가 일어난 것입니다.

십자가 위에서 그분을 압도했던 죽음의 세력들을 던져 버리므로, 죽음의 속박을 부수고, 그분이 살아나신 것을 그들이 보았을 때 그 끔찍한 곳의 기초가 얼마나 떨렸을까요.

이제 우리는 에베소서 2:10을 이해할 수 있습니다.

"우리는 그가 만드신 바라 그리스도 예수 안에서 선한 일을 위하여 지으심을 받은 자니"엡 2:10

언제 우리가 창조되었습니까? 공의의 마음에는 예수님께서 저 아래에서 재창조되실 때 우리도 창조되었습니다.

그때 교회가 하나님으로부터 실제로 태어났습니다.

하나님의 아들의 일에 대한 하나님의 믿음

하나님은 믿음의 하나님이십니다. 그분은 없는 것을 있는 것 같이 여기십니다.

저 아래 지옥에서 우리를 의롭고, 살아 있는 자로 여기셨습니다.

그분은 우리를 새로운 피조물로 여기셨습니다. 오순절이 오기 전에 하나님의 아들딸들로 즉 그리스도의 대표단으로 존재하였습니다.

그분은 없는 것을 있는 것처럼 여기셨고 그들은 존재하게 되었습니다.

우리가 그분을 우리의 구원자와 주님으로 영접하는 순간 새로운 탄생은 우리 안에 실재가 됩니다.

제9장

그분은 의가 되셨습니다

그분이 살아나게 되고 공의의 마음에서 우리도 그분과 함께 살아나게 되었다는 것을 지난 장에서 알게 되었습니다.

그 생명은 아버지의 본성이며 그분께서 이 본성을 받으셨을 때 그분은 다시 한 번 의가 되셨습니다.

그분은 죄가 되셨습니다.

그분이 살아나는 순간 하나님은 그분을 의롭게 하셨습니다.

그분이 공의의 요구를 만족시키셨기 때문에 그분은 의롭다고 선언되었습니다. 그분은 인류를 정죄하는 우주의 최고 법정의 모든 요구를 만족시키셨습니다.

새로운 창조를 통해 우리가 의가 되었듯이 그분은 하나님의 생명으로 의가 되었습니다.

그분은 얼마나 의롭게 되셨는지 그분이 그 끔찍한

심판을 받으셨을 때 그분의 일부가 되었던 질병들과 죄의 흔적도 없었습니다.

그분은 얼마나 의롭게 되셨는지 어떤 죄의식이나 죄책감이나 열등감도 없이 아버지의 임재 안에 들어가실 수 있었습니다.

그분이 죄가 되셨을 때 그분은 이렇게 부르짖었습니다. "나의 하나님, 나의 하나님, 어찌하여 나를 버리셨습니까?"

그분이 살아나셨을 때 하나님은 그분에 대하여 이렇게 말씀하셨습니다. "너는 내 아들이라, 내가 오늘 너를 낳았도다."

그분은 천사들의 무리 앞에 마치 죄가 되셨던 적이 없는 것처럼 의롭고, 순전하게 섰습니다.

그분이 의롭게 되는 순간 그분은 우주의 절대적인 군주였습니다.

그분은 죽음 이후 세계의 주인이며 사탄의 주인이었습니다.

그분이 영적으로 죽어 있고 죄로 가득 차 있는 한 사탄이 그분을 지배했습니다.

그러나 그분이 의롭게 되셨을 때 그분은 지옥을 지배하는 주인이요 통치자가 되셨습니다.

그분이 의롭게 되었다면, 그분을 구원자로 영접하고

주님으로 고백하며 영원한 생명을 받은 우리 모두는 그 순간 자동적으로 의롭게 되었으며 그분의 이름으로 지옥의 세력들을 지배할 수 있습니다.

이 모든 것은 행위가 아니라 은혜로 말미암은 것입니다. 우리는 그리스도 예수 안에서 창조된 그분의 작품입니다.

우리는 진리의 거룩함과 의 안에서 창조되었습니다.

"하나님을 따라 의와 진리의 거룩함으로 지으심을 받은 새 사람을 입으라."엡 4:24

예수를 의롭게 만든 똑같은 영원한 생명과 하나님의 본성이 새로운 탄생 안에서 우리에게 주어졌습니다.

성령이 요한을 통하여 "그가 어떠하심과 같이 우리도 이 세상에서 그러하니라"고 말한 것이 아직도 놀라운 일입니까?

이제 우리는 고린도후서 5:21을 이해할 수 있습니다. "하나님이 죄를 알지도 못하신 이를 우리를 대신하여 죄로 삼으신 것은 우리로 하여금 그 안에서 하나님의 의가 되게 하려 하심이라."

"곧 이 때에 자기의 의로우심을 나타내사 자기도 의로우시며 또한 예수 믿는 자를 의롭다 하려 하심이라"롬 3:26

하나님은 예수의 의가 되셨으며, 우리가 그리스도를 구원자로 영접하고, 그분을 우리의 주님으로 고백하고,

하나님께서 그를 죽은 자 가운데서 살리신 것을 믿는 순간, 예수님이 우리의 의가 되십니다.

하나님께서 예수의 의가 되셨던 것과 같이, 예수님은 새로운 피조물의 의가 되십니다.

그분이 예수의 생명이 되셨던 것과 같이, 그분은 새로운 창조의 생명이 되십니다.

이 진리를 한 번만 깨닫게 되면 교회에 혁명을 가져올 것입니다.

"또 함께 일으키사 그리스도 예수 안에서 함께 하늘에 앉히시니"엡 2:6

당신이 그분처럼 의롭지 않고서는 이것은 그 계시의 일부가 될 수 없었을 것입니다.

온갖 질병과 사탄 앞에서도 이 계시가 추호의 두려움도 없게 하는 것을 볼 수 없습니까?

당신이 그분의 임재 안에 들어갈 때 이 계시가 어떤 담대함을 주는지 볼 수 없습니까?

그분과의 하나 됨에 대한 느낌은 그분이 죄와 병이 되셨을 때 우리와 하나가 된 것과 똑같이 실제적입니다.

우리 모두 일어나 승리자, 정복자의 자리를 차지합시다.

우리 모두 나가서 예수께서 여기 계실 때 시작하셨던 그 일을 합시다.

제10장
그분은 사탄을 정복하셨습니다

이는 영원 속에서도 가장 위대한 사건이었습니다.

영원한 아들이 정사와 권세들을 이기고, 공개적으로 구경거리로 만드시고, 그것들을 자신으로부터 떨쳐 버리고, 영으로 살아나, 의롭게 되셨습니다.

그분은 사탄을 이기셨습니다.

그분은 지옥의 군대들을 정복하셨습니다.

그분은 아담이 죄를 지으므로 그로부터 빼앗았던 권세와 통치를 사탄에게서 빼앗으셨습니다.

이 전쟁이 벌어지고 있을 때 당신도 그분과 함께 있었습니다.

당신은 그분과 동일하게 여겨졌습니다.

그분이 십자가에 못 박히고, 죽고, 장사되고, 살아나고, 의롭게 될 때 당신이 그분과 동일하게 여겨졌듯이,

당신은 그 적을 이긴 승리 가운데에서도 그분과 함께 있었습니다.

이 승리는 그분의 것이 아니라 바로 당신 것이었습니다.

그분은 그 전쟁을 할 필요도 없었습니다. 그분은 당신을 위해서 전쟁을 치르셨습니다.

그분이 그 적을 정복하고 그에게서 그의 권세를 빼앗아 버렸을 때, 아버지의 마음에는 마치 당신이 그렇게 한 것과 똑같았습니다.

예수께서 죽음에서 살아나셨을 때와 똑같이 오늘 당신은 사탄을 다스리는 자입니다.

예수께서 땅 위에 계시는 동안 적을 정복한 것과 똑같이 오늘 당신은 적을 정복할 수 있습니다.

이 말은 당신이 사탄의 모든 일을 다스릴 수 있다는 의미입니다.

이 말은 당신이 예수께서 시작하신 일들을 하도록 기대된다는 의미입니다.

이는 패배와 실패의 끝이었습니다.

이는 새로운 시대의 시작이었습니다.

하나님께서 그리스도 안에서 우리를 위하여 하신 일을 알고 감사할 때입니다.

그리스도의 몸의 한 지체라는 것이 무엇인지 알고

감사하며, 예수 그리스도의 이름을 우리에게 주신 그 권세와, 그분께서 우리에게 있게 하신 자리에 대해 알고 감사할 때입니다.

그분이 사탄을 패배시켰을 때 그 승리는 우리의 승리였습니다.

이제 우리는 의로운 승리자입니다.

우리는 사탄의 정복자입니다.

이제 우리는 우리의 부활하신 주님 예수 그리스도를 통하여 생명의 영역에서 왕들로서 다스립니다.

사탄은 더 이상 우리를 다스릴 수 없습니다.

질병은 우리의 발 아래 있습니다.

우리는 새로운 피조물로 된 아들들입니다.

믿음의 문제는 없어졌습니다.

우리는 하나님의 자녀들이며 모든 것들이 우리의 것입니다.

"모든 것이 너희 것이니" 고전 3:21

우리는 우리의 것에 대해서는 믿음을 가질 필요가 없습니다.

그분께 감사하고 나가서 이 놀라운 속량의 모든 것을 누립시다.

제11장

우리는 그분과 함께 일으키심을 받았습니다

주 예수의 부활은 사탄의 패배와 인간의 속량과 믿는 사람을 새로운 피조물로 만드는 하나님의 법적인 권리의 증거입니다.

에베소서 1:7은 독특한 의미와 위로로 인하여 특별합니다.

"우리는 그리스도 안에서 그의 은혜의 풍성함을 따라 그의 피로 말미암아 속량 곧 죄 사함을 받았느니라."

우리는 속량받았습니다. 속량은 기도하거나 구할 것이 아닙니다.

거듭나는 그 순간 속량은 우리의 것입니다.

우리에 대한 사탄의 지배는 끝납니다.

종으로서 두려워하며 살던 삶은 끝났습니다.

이 속량은 그의 은혜의 풍성함에 따른 것입니다.

우리는 자유롭습니다.

앞선 글에서 우리는 그리스도 안에서 그의 대속적인 사역에 나타난 아버지의 은혜의 부요함과 풍성함을 볼 수 있었습니다.

"또 함께 일으키사 그리스도 예수 안에서 함께 하늘에 앉히시니" 엡 2:6

우리는 그분과 함께 십자가에 못 박혔고, 함께 죽었으며, 함께 장사되었고, 함께 고통받았으며, 함께 의롭게 되고, 함께 살아났으며, 함께 사탄을 정복했고, 함께 일으켜졌습니다.

예수의 부활은 적을 이긴 우리의 승리의 증거입니다. 부인될 수 없는 증거입니다. 그리스도를 구원자로 받아들인 사람은 누구든지 하나님의 마음에는 그 적을 이긴 자입니다.

그런데 우리의 승리는 그리스도의 승리 안에 있었다는 이 강력한 진리를 아는 아버지의 자녀들은 너무나 적습니다.

예수께서 사망과 사탄과 죄를 정복하고 죽음의 울타리를 부서뜨렸을 때 그 승리는 우리의 것이었습니다.

"그러므로 너희가 그리스도와 함께 다시 살리심을 받았으면" 우리는 그리스도와 함께 살리심을 받았습니다. 골 3:1

아버지의 마음에는 어둠의 왕국에서 나와서 그의 사랑의 아들의 나라로 온 것입니다.

이것이 우리의 속량입니다.

우리는 그리스도 안에서 우리의 몸과 혼과 영에 대한 사탄의 지배를 깨뜨렸습니다.

그러나 아마도 그 적에 대한 우리의 완전한 승리의 가장 위대한 메시지는 에베소서 1:19-23에서 발견됩니다.

"그의 힘의 위력으로 역사하심을 따라 믿는 우리에게 베푸신 능력의 지극히 크심이 어떠한 것을 너희로 알게 하시기를 구하노라 그의 능력이 그리스도 안에서 역사하사 죽은 자들 가운데서 다시 살리시고 하늘에서 자기의 오른편에 앉히사 모든 통치와 권세와 능력과 주권과 이 세상뿐 아니라 오는 세상에 일컫는 모든 이름 위에 뛰어나게 하시고 또 만물을 그의 발 아래에 복종하게 하시고 그를 만물 위에 교회의 머리로 삼으셨느니라 교회는 그의 몸이니 만물 안에서 만물을 충만하게 하시는 이의 충만함이니라."

예수의 죽은 몸에 생명을 불어넣고 불멸로 채우며 역사하던 똑같은 능력이 오늘 믿는 자에게 있습니다.

우리의 새로운 창조 안에서 우리에게 주어진 하나님의 생명 때문에 우리는 오늘 정복자들보다도 나은 자들입니다.

이는 지옥의 기초를 뒤흔들었던 부활 안에서 드러내 보인 하나님의 능력이며, 오늘날 믿는 자들이 그리스도와 함께 살리심을 받았다는 것을 알게 될 때, 그들은 어떤 상황이든지 어떤 분야든지 승리자가 되어, 승리에서 승리로 나아가게 될 것입니다.

이 시대뿐만 아니라 오는 시대에도 하나님은 믿는 자들을 모든 통치와 권세와 능력과 다스림 위에 높이셨습니다.

그분은 만물을 믿는 자의 발 아래 복종하도록 하셨습니다.

그분은 몸의 머리인 그리스도를 우주의 모든 세력들의 주관자가 되게 하셨습니다.

예수님은 그분의 이름을 사용할 수 있는 법적인 권리를 믿는 자에게 주셨습니다.

예수님은 믿는 자에게 대리권을 주셔서 예수의 이름으로 믿는 자의 입술에 있는 그 이름에 모든 귀신과 모든 능력이 복종하도록 하셨습니다.

하나님께 너무 어려운 것은 없습니다.

그분이 우리에게 주신 능력은 하나님의 능력이므로 그분의 부활은 사탄과 귀신들을 다스리는 우리 권리의 증거입니다.

우리 대신 사탄을 정복하셨기 때문에 그분은 일으켜

졌으며 우리는 더 이상 보이지 않는 어둠의 세력들을 두려워하며 살 필요가 없습니다.

제12장
대제사장

마태복음 28:5-6에서 바로 그 주님의 날 아침에 예수의 몸에 기름을 바르던 일을 마치려고 왔던 여자들에게 그 천사는 이렇게 말했습니다. "십자가에 못 박히신 예수를 너희가 찾는 줄을 내가 아노라 그가 여기 계시지 않고 그가 말씀하시던 대로 살아나셨느니라 와서 그가 누우셨던 곳을 보라."

그분은 어린 양으로 죽으셨습니다. 그분은 새로운 피조물의 주 대제사장으로 살아나셨습니다.

요한복음 20장에서 마리아가 그분을 만났을 때를 기억할 것입니다. 그분이 누구인지 알게 되자 그녀는 그분의 발 앞에 엎드렸습니다.

그분은 말씀하셨습니다. "나를 붙들지 말라 내가 아직 아버지께로 올라가지 아니하였노라 너는 내 형제들에게 가서 이르되 내가 내 아버지 곧 너희 아버지, 내 하나님

곧 너희 하나님께로 올라간다 하라."

무슨 의미로 이렇게 말씀하셨을까요?

그분은 히브리서 9:11-12에서 읽으신 것을 뜻하셨습니다. "그리스도께서는 장래 좋은 일의 대제사장으로 오사 손으로 짓지 아니한 것 곧 이 창조에 속하지 아니한 더 크고 온전한 장막으로 말미암아 염소와 송아지의 피로 하지 아니하고 오직 자기의 피로 영원한 속죄를 이루사 단번에 성소에 들어가셨느니라."

대제사장으로서 그분은 자신의 피를 가지고 하늘의 지성소에 가셔서 하나님께 드렸습니다.

그 피는 받아들여졌으며 우리의 속량에 관한 서류에 붉은 도장이 찍혔습니다.

하나님의 아들 예수 그리스도의 피는 영원한 생명에 대한 우리의 합법적인 권리와 모든 자녀의 특권에 대해서 그분이 우리를 위해 다 이루신 일에 대한 영원한 증거입니다.

이 피에 근거해서 우리는 정복자보다 나은 자들입니다.

사탄은 우리를 다스릴 수 없습니다. 그의 다스림은 철저히 파괴되었습니다.

이 승리의 증표는 늘 아버지 앞에 있습니다.

"이와 같이 예수는 더 좋은 언약의 보증이 되셨느니라."히 7:22

당신이 큰 위험에 처해 있거나 사탄이 당신을 총공격할 때, 당신은 아버지께 그 피에 근거해서 보장된 당신의 권리를 주장하십시오.

"또 우리 형제들이 어린 양의 피와 자기들이 증언하는 말씀으로써 그를 이겼으니 그들은 죽기까지 자기들의 생명을 아끼지 아니하였도다." 계 12:11

당신은 귀신들을 쫓아내며 사탄의 권세를 부수는 예수의 이름에 대한 법적인 권리를 가지고 있습니다.

"그 날에는 너희가 아무 것도 내게 묻지 아니하리라 내가 진실로 진실로 너희에게 이르노니 너희가 무엇이든지 아버지께 구하는 것을 내 이름으로 주시리라." 요 16:23

하나님의 가족이기 때문에 당신은 모든 것을 할 수 있습니다. 당신은 그 피가 보장하는 완전한 보호를 받고 있습니다.

제13장

그리스도는 앉으셨습니다

속량의 절정은 주 예수께서 앉으신 것입니다.

그분은 죄가 되신 후 우리와 사탄의 관계에 대한 값을 치르신 후에, 공의가 우리에게 요구하는 모든 고통을 당하신 후에, 그리스도께서는 우리와 함께 죽음으로부터 부활하셨습니다.

우리도 그분과 함께 살아났습니다.

그분은 우리가 그리스도와 함께 앉아 있다고 선언하셨습니다.

"또 함께 일으키사 그리스도 예수 안에서 함께 하늘에 앉히시니" 엡 2:6

이것은 하나님께서 사람에게 주신 최고의 명예였습니다.

하나님의 아들이 사람이 되시고 인류와 자신을 동일시하시고 인류를 사탄의 권세로부터 구출해 내시고,

영원한 속량을 이루기 위해서 자신의 피를 가지고 지성소에 들어가셨습니다.

그리고 그분은 지극히 높으신 분의 오른편에 앉으셨습니다.

우리는 하나님의 오른편에 앉으신 분이 있습니다.

그분은 우리의 대표자이십니다. 그분은 거기서 우리를 대표하십니다.

새로운 몸인 교회의 머리가 되신 한 사람이 하나님의 오른편에 앉으신 것은 속량의 가장 영광스러운 순간입니다.

그분이 이렇게 외친 것은 놀라운 일이 아닙니다. "찬송하리로다 하나님 곧 우리 주 예수 그리스도의 아버지께서 그리스도 안에서 하늘에 속한 모든 신령한 복을 우리에게 주시되"엡 1:3

우주의 가장 높은 자리에 앉아 있을 뿐만 아니라 우리는 그분의 영광스러운 몸으로서 우리의 위치를 유지하는 데 필요한 모든 영적인 복도 받았습니다.

하나님의 마음속에는 우리 모두가 지금 그리스도 안에 있습니다. 그분은 우리를 그리스도 안에서 보십니다.

우리가 기도로 그 보좌가 있는 방으로 나아가면 우리는 그분의 이름으로 나아가는 것이므로 마치 그리스도께서 가시는 것과 같습니다.

"이는 너희가 죽었고 너희 생명이 그리스도와 함께 하나님 안에 감추어졌음이라"골 3:3

우리는 적에게는 숨겨져 있지만 아버지께는 보입니다.

"그리스도께서는 참 것의 그림자인 손으로 만든 성소에 들어가지 아니하시고 바로 그 하늘에 들어가사 이제 우리를 위하여 하나님 앞에 나타나시고"히 9:24

그분은 우리의 대표자로서, 우리의 주님으로서, 우리를 대신하여 자신을 주셨던 사랑하는 분으로서 아버지의 오른편에 계십니다.

우리는 우리의 속량이 완전하며 완성된 것임을 알 수 있습니다.

그리스도께서 하나님의 오른편에 앉으셨다면 아버지께서 그분을 받아들이셨으며 그분이 우리를 위해 행하신 것도 받아들이셨기 때문입니다.

그분이 거기 앉아계신다는 사실은 사랑하는 자 안에서 우리가 받아들여졌다는 것을 인봉한 것입니다.

제14장

우리 안에 있는
하나님의 능력을 풀어 놓기

속량에 관해 내가 배운 것 중 가장 떨리도록 기쁜 것은 믿는 자 안에 있는 놀라운 하나님의 능력입니다.

우리는 하나님의 생명을 우리 안에 가지고 있습니다.

"그런즉 누구든지 그리스도 안에 있으면 새로운 피조물이라 이전 것은 지나갔으니 보라 새 것이 되었도다." 고후 5:17

믿는 자는 새로운 피조물이라는 것에 주의하십시오.

믿는 자는 그리스도 예수 안에서 창조되었습니다.

그는 하나님의 작품입니다.

그는 하나님의 생명과 본성을 받았기 때문에 새로운 창조는 그에게 실재가 되었습니다.

"내가 하나님의 아들의 이름을 믿는 너희에게 이것을

쓰는 것은 너희로 하여금 너희에게 영생이 있음을 알게 하려 함이라"요일 5:13

하나님의 자녀라면 이 글을 읽는 당신은 하나님의 생명과 본성을 당신 안에 가지고 있음을 알 수 있습니다.

베드로후서 1:4은 우리가 하나님의 신성에 참여한 자가 되었다고 말하고 있습니다.

"이로써 그 보배롭고 지극히 큰 약속을 우리에게 주사 이 약속으로 말미암아 너희가 정욕 때문에 세상에서 썩어질 것을 피하여 신성한 성품에 참여하는 자가 되게 하려 하셨느니라."

예수님께서는 이것을 "나는 포도나무요 너희는 가지라"요 15:5 는 말씀으로 강조하셨습니다.

그분이 오신 목적은 우리가 생명을 얻되 풍성히 얻게 하려는 것이었습니다.

"내가 온 것은 양으로 생명을 얻게 하고 더 풍성히 얻게 하려는 것이라"요 10:10

당신은 영원한 생명을 받았습니다.

영생은 그리스도 안에서 나타난 아버지의 본성입니다.

포도나무의 가지로서 포도나무에 나타난 똑같은 생명이 당신을 통해 흘러서 나타나게 됩니다.

사랑과 믿음과 기쁨의 열매를 맺는 것은 당신 안에 있는 포도나무의 생명입니다.

당신 안에는 하나님의 말씀이 거하고 있습니다

"그리스도의 말씀이 너희 속에 풍성히 거하여"골 3:16

말씀은 거기서 무엇을 하고 있을까요? 말씀은 권하고, 교육하고, 훈련하고, 교정하며, 당신의 영 안에 믿음과 사랑을 세워줍니다.

"지금 내가 여러분을 주와 및 그 은혜의 말씀에 부탁하노니 그 말씀이 여러분을 능히 든든히 세우사 거룩하게 하심을 입은 모든 자 가운데 기업이 있게 하시리라"행 20:32

당신을 세워주는 것은 말씀입니다.

당신의 기업을 알게 해 주는 것은 말씀입니다.

당신의 아버지 하나님과의 관계를 계시해 주는 것도 말씀입니다.

그리스도 안에서 당신의 권리와 특권을 알게 해 주는 것도 말씀입니다.

그리스도께 왔던 사람들 대부분을 치료했던 것도 그리스도의 말씀이었음을 기억하십시오.

그리스도께서는 그 말씀은 아버지의 말씀이었다고 말씀하셨습니다.

바울의 계시는 예수님에 대한 아버지의 말씀입니다.

당신이 나는 그리스도 안에서 새로운 피조물이라고

말하면 당신은 당신의 입술을 통해서 아버지의 말씀을 표현하고 있는 것입니다.

당신이 "예수 이름으로 질병은 없어져라."라고 말하면, 당신은 아버지께서 예수님의 입술을 통해 말씀하셨던 아버지의 말씀을 사용하고 있는 것입니다.

당신이 당신의 의의 권리 안으로 들어가서 열매를 맺기 시작한다면 그 열매는 예수님께서 땅에 계실 때 맺으셨던 것과 똑같은 종류의 열매일 것입니다.

의는 아버지의 임재 안에 죄의식이나 열등감 없이 설 수 있는 능력을 의미합니다.

이 의는 그리스도의 완성된 일을 통해서 당신의 것이 됩니다.

"예수는 우리가 범죄한 것 때문에 내줌이 되고 또한 우리를 의롭다 하시기 위하여 살아나셨느니라."롬 4:25

하나님의 생명이 풀려나면 말씀에 나타나 있는 하나님의 능력이 풀려나게 됩니다.

사람들은 원자 하나 안에는 큰 배가 대양을 통과하게 하는 충분한 힘이 있다고 말합니다.

당신 안에 있는 하나님의 생명에 있는 그 능력과 (말함으로써 우주를 존재하게 했던 그 말씀인) 하나님의 말씀 안에 있는 그 능력이 당신 안에서 풀려난다면, 무슨 일이든지 일어날 것입니다. 안 그렇겠습니까?

이 짧은 메시지의 목적은 바로 하나님께서는 당신 안에서 풀어놓아지기를 원하신다는 것을 당신에게 알려 주는 것입니다.

당신은 예수의 이름을 가지고 있습니다

이런 성경 구절을 외우도록 하십시오.

당신은 요한복음 14:13-14을 알고 있습니다. "너희가 내 이름으로 무엇을 구하든지 내가 행하리니 이는 아버지로 하여금 아들로 말미암아 영광을 받으시게 하려 함이라 내 이름으로 무엇이든지 내게 구하면 내가 행하리라."

이 말씀은 아버지께 기도하는 것도 아니고 예수님께 요구하는 것도 아닙니다. 이것은 베드로가 나면서부터 앉은뱅이 된 사람을 자유롭게 했을 때 미문에서 사용했던 것처럼 그 이름을 사용하는 것입니다.

이는 어둠의 세력들에게 예수의 이름의 권세에 복종하도록 명령하는 것입니다.

이 이름은 당신의 것입니다. 당신은 아직 이 이름의 유익을 보지 못했을지도 모릅니다. 예수님은 당신에게 그분의 이름을 사용할 수 있는 대리권을 주셨습니다.

그분은 말씀하셨습니다. "하늘과 땅의 모든 권세를

내게 주셨으니 그러므로 너희는 가서 모든 민족을 제자로 삼아"마 28:18-19

제자란 단어는 배우는 사람 즉 학생이란 말입니다.

우리는 모든 족속을 말씀의 학생으로 삼아야 합니다.

당신은 가서 이렇게 할 수 있는 능력이 있습니다.

"너희가 내 이름으로 귀신을 쫓아내며…병든 자에게 손을 얹은 즉 나으리라."막 16:17-18

이것은 지금 당신의 것입니다.

기적들의 시대는 당신의 시대입니다. 지금 이 시대입니다.

당신은 하나님의 충만함 안에서 행할 수 있고 살 수 있습니다.

당신이 원하기만 하면 당신은 이 능력을 당신 안에 풀어 놓을 수 있습니다.

하나님의 생명을 당신 안에 풀어 놓고, 말씀을 당신 안에 풀어 놓고, 당신의 삶에서 그 이름에게 진짜 자리를 내어 주는 것은 사랑의 도전입니다.

당신은 당신 안에 성령을 가지고 있습니다

예수님은 제자들에게 그들과 함께 있던 성령이 그들 안에 있게 될 것이라고 약속하셨습니다.

오순절 날, 성령은 그들을 재창조하신 후에 그들의 몸 안으로 들어가셨습니다.

우리 안에 하나님을 가진다는 것은 얼마나 대단한 기적입니까.

우주가 그분의 말씀으로 창조되었으며 우리 안에 이 창조의 능력을 가지고 있다는 것을 깨달았을 때 우리 안에 그분의 말씀이 계시다는 것은 놀라운 일입니다.

이제 우리는 그분의 말씀과 함께 하나님 자체를 우리 안에 가지게 되었습니다.

그분께서 요한일서 4:4에서 이렇게 말씀하신 것은 놀라운 일이 아닙니다. "너희는 하나님께 속하였고 또 그들을 이기었나니 이는 너희 안에 계신 이가 세상에 있는 자보다 크심이라."

우리 안에 계시는 하나님은 말씀하심으로써 우주를 존재하게 하셨던 바로 그분입니다. 우리 안에 계시는 하나님은 갈릴리 바다 위를 걸으셨던 바로 그분입니다.

죽음에서 살아나신 그 하나님이 우리 안에 계십니다.

"너희 안에서 행하시는 이는 하나님이시니" 빌 2:13

우리는 우리에게 속한 부요한 은혜의 유익을 잘 활용하지 못했습니다.

우리 안에 하나님을 풀어 놓는 사람은 너무나 적습니다.

그리스도의 몸의 각 지체들 안에서 그분이 자기의 자리와 권리를 가지려고 애쓰시는 것을 나는 느낄 수 있습니다.

그분이 얼마나 우리를 통하여서 사람들의 삶을 다스리고 있는 사탄의 권세를 깨뜨리고 병든 자를 고치시기를 원하시는지요.

우리 모두 우리 안에서 그분을 풀어 놓읍시다.

당신은 하나님의 의를 가지고 있습니다

우리는 그리스도 안에서 하나님의 의입니다.

"하나님이 죄를 알지도 못하신 이를 우리를 대신하여 죄로 삼으신 것은 우리로 하여금 그 안에서 하나님의 의가 되게 하려 하심이라"고후 5:21

이제 그분은 우리가 의의 열매를 맺기를 원하십니다.

"너희 의의 열매를 더하게 하시리니"고후 9:10

의는 정죄 없이 아버지의 임재 안에 설 수 있는 능력입니다.

의는 예수의 이름을 사용할 수 있는 법적인 권리를 우리에게 줍니다.

의는 절대적인 주인으로서 두려움 없이 사탄이 있는 곳에도 모든 질병 앞에서도 설 수 있는 능력을 줍니다.

"의를 행하는 자마다 그에게서 난 줄을 알리라"
요일 2:29

우리 중 의를 행한 사람은 너무나 적습니다.

우리는 의란 것이 오직 아주 조심스러운 행동을 하는 것을 의미한다고 생각했습니다.

의를 행하는 것은 우리가 예수님의 자리를 차지하고 있기 때문에 예수님이 하셨던 그 일들을 하는 것입니다.

의는 언제든지 하나님의 임재 안에 설 수 있는 능력을 우리에게 주며 절대적인 승리자로서 사탄의 임재 안에 서게 해 줍니다.

이에 대한 이해는 너무나 미미했습니다. 이에 대한 공부와 관심은 너무나 미미했습니다.

이제 하나님께서는 우리가 이 진리를 최전방으로 가져가기를 기다리고 계십니다. 하나님은 우리가 의를 살며, 의를 행하며, 사탄의 권세를 깨뜨리고, 예수님께서 하신 것처럼 권위를 가지고 말하기 시작하기를 원하십니다.

당신은 하나님의 지혜를 가지고 있습니다

당신은 이것이 모든 것을 합한 것이라고 말할지도 모르겠습니다.

당신이 만일 하나님의 능력과 하나님의 지혜를 가지고 있으며 이를 당신 안에서 풀어 놓는다면 당신의 사역에 어떤 한계가 있을 수 있겠습니까?

문제는 교육이 아니라 당신 안에 하나님을 풀어 놓는 것 즉 당신 안에 있는 하나님의 능력을 자유롭게 하는 것입니다.

오늘 당신 안에는 하나님의 능력이 갇혀 있습니다.

예수님은 당신에게 지혜가 되셨습니다.

"너희는 하나님으로부터 나서 그리스도 예수 안에 있고, 예수는 하나님으로부터 나와서 우리에게 지혜가 되셨으니."

야고보는 그리스도 안에서 어린아이들에게 지혜가 부족하거든 하나님께 지혜를 구하라고 말했습니다.

"너희 중에 누구든지 지혜가 부족하거든 모든 사람에게 후히 주시고 꾸짖지 아니하시는 하나님께 구하라 그리하면 주시리라 오직 믿음으로 구하고 조금도 의심하지 말라 의심하는 자는 마치 바람에 밀려 요동하는 바다 물결 같으니 이런 사람은 무엇이든지 주께 얻기를

생각하지 말라 두 마음을 품어 모든 일에 정함이 없는 자로다"약 1:5-8

당신은 이제 성장했습니다. 어린아이 시절을 지나서 이제 당신은 예수님이 당신의 지혜라는 것을 알고 있습니다.

지혜는 지식을 사용하는 능력입니다.

당신은 당신 안에 있는 하나님의 생명에 관한 지식을 가지고 있습니다.

당신은 말씀의 권세와 능력에 관한 지식을 가지고 있습니다.

당신은 영적인 전투에서 예수의 이름을 사용할 법적인 권리에 대한 지식을 가지고 있습니다.

당신은 하나님께서 실제로 당신의 몸 안에 계시다는 사실에 관한 지식을 가지고 있습니다.

이제 당신은 인류를 축복하기 위해서 이런 강력한 사실들을 사용하게 될 것입니다.

우리 안에서 하나님이 풀려나게 하기

갇혀 있던 하나님께서 마침내 하나님께서 기뻐하시는 뜻대로 우리를 마음대로 사용하실 수 있는 권리를 가지셨습니다.

우리는 더 이상 숨어 있지 않습니다.

사람들은 우리가 누구인지 알고 있습니다.

우리가 어디에 살든지 우리의 오두막으로 가는 오래된 길이 있습니다. 우리는 우리 안에서 하나님께 자유를 드리고, 그분께서 자유롭게 병든 자를 고치고 세상을 축복하도록 하였습니다.

제 15장

의인에 대한 사탄의 박해

예수님께서는 "의를 위하여 핍박을 받는 자는 복이 있다"고 말씀하셨습니다.

이어서 말씀하시기를 "나로 말미암아 너희를 욕하고 박해할 때에 너희에게 복이 있나니"라고 하셨습니다.

사람들은 의 때문에 우리를 핍박하지 않습니다.

사탄은 의 때문에 우리를 핍박합니다.

사탄은 그 어떤 것보다도 의를 두려워합니다.

우리가 거듭날 때 하나님께서 우리를 위하여 그리스도 안에서 행하신 일을 근거로 우리는 하나님의 의가 되었습니다.

이 말은 우리가 귀신들을 쫓아내고, 사탄의 권세를 깨뜨리고, 병든 자를 고치고, 죽은 자를 살리는 능력을 가지고 있다는 뜻입니다.

의는 사탄이 하는 일과 사탄에 대한 두려움에서 빠져

나오게 합니다.

의는 자녀 됨에 대한 새로운 느낌을 갖게 해 줍니다. 이 자녀로서의 의식은 영웅적인 믿음을 낳습니다.

의는 영적인 열등감을 없애주고 우리 안에 있는 죄의식을 철저하게 파괴합니다.

우리가 새로운 피조물이란 것을 알기 때문에 우리는 예수님께서 행하신 것처럼 사람들 앞에서 행할 수 있습니다. 옛 삶은 철저히 파괴되었습니다.

우리는 우리가 범한 모든 죄가 제거되었다는 것을 알고 있습니다.

알고 지었든지 모르고 지었든지 우리가 거듭난 이래로 지었던 죄는 용서받았고 예수님께서 땅 위에서 행하셨던 것과 똑같이 하나님의 임재 안에 설 수 있다는 것을 우리는 알고 있습니다.

우리의 위치를 주장하고 이런 고백을 담대하게 할 수 있습니까?

사탄은 우리가 죄의식 아래 살게 함으로써 우리의 자녀 의식을 도둑질하려고 합니다.

사탄이 우리에게 죄의식을 갖도록 하는 한 우리는 사탄에게 집니다.

오늘날 거의 모든 가르침은 사람들을 정죄 아래 살게 합니다.

사역의 목적은 사람들이 죄의식을 갖지 않고 하나님 의식, 자녀 의식, 승리자 의식, 믿음 의식, 사랑 의식을 갖도록 하는 것임을 깨달은 적이 없습니다.

우리가 사랑으로 태어났으며 우리 안에 하나님의 사랑의 본성을 가지고 있다는 것을 깨닫게 될 때, 우리는 하늘의 향기를 발하기 시작할 것입니다.

"이 모든 일에 우리는 정복자보다도 나은 자입니다"
롬 8:37

승리 의식을 가지게 될 때 잠에서 깨어나 우리는 승리자들 가운데서 우리의 자리를 차지하게 될 것입니다.

아들이 우리를 자유하게 하셨습니다. 그분의 속량이 우리를 자유롭게 하신 그 자유 안에서 우리 모두 튼튼히 서 있읍시다.

제16장
그분의 뜻을 아는 지식

 '아버지 하나님의 뜻을 어떻게 알 수 있을까' 하는 것은 하나님의 사람들 대부분을 괴롭히는 문제입니다.

 아버지의 뜻은 말씀에 감추어져 있습니다. 예수님은 "내가 하늘에서 온 것은 내 뜻대로 하려 함이 아니요 나를 보내신 이의 뜻을 행하러 왔노라"고 말씀하셨습니다.

 예수님은 아버지의 뜻이 무엇인지 아셨습니다. 그분은 "나는 항상 아버지 보시기에 기뻐하는 일만 행한다"고 말씀하셨습니다.

 바울은 고린도후서 5장에서 아버지를 기쁘시게 하는 것이 자기의 일이라고 말했습니다.

 만일 예수님께서 아버지를 기쁘시게 하고 그분의 뜻을 행하셨고, 바울도 아버지를 기쁘시게 하고 그분의 뜻을 알고 행했다면 우리도 그렇게 할 수 있습니다.

무슨 근거로 확신하느냐고요? 무엇보다도 먼저 우리는 그분의 마음과 그분의 뜻을 말씀 속에 가지고 있습니다.

우리가 만일 성경을 부지런히 찾아보고 성령님께서 우리를 인도하도록 허락한다면 우리는 꾸준히 말씀을 묵상함으로 말미암아 영적으로 성장하고 발전하여 그분의 뜻은 우리 안에서 무의식적인 의식이 될 것입니다.

그분은 "그리스도의 말씀이 너희 안에 풍성히 거하도록 하여 너희를 권면하고, 너희를 세워주도록 하라"고 말씀하셨습니다.

바울은 에베소 교회에게 작별 인사를 하면서 "내가 여러분을 주와 그 은혜의 말씀에 부탁하노니 그 말씀이 여러분을 능히 든든히 세우사 거룩하게 하심을 입은 모든 자 가운데 기업이 있게 하시리라"고 말했습니다.

"이로써 우리도 듣던 날부터 너희를 위하여 기도하기를 그치지 아니하고 구하노니 너희로 하여금 모든 신령한 지혜와 총명에 하나님의 뜻을 아는 것으로 채우게 하시고" 골 1:9

지식이란 말은 그리스어로 '에피그노시스'에서 나온 말로서 바른 지식, 완전하고 온전한 지식을 의미합니다. 우리가 바른 지식으로 충만해지면, 하나님께서는 이 완전한 지식을 사용할 지혜를 우리에게 주십니다.

어떤 사람들은 "우리가 완전한 지식을 가질 수 있다는 것이 믿어지지 않습니다."라고 말합니다. 왜 갖지 못합니까? 우리는 그분의 뜻에 관한 완전한 계시를 가지고 있습니다.

성경은 완전한 책입니다. 성령님은 완전한 교사입니다. 우리는 그리스도 예수 안에서 창조된 완전한 새로운 피조물입니다.

우리는 완전한 의를 가졌습니다. 우리는 완전한 관계를 가지고 있습니다. 하나님은 우리가 바로 그리스도의 충만함에 참여하게 되었다고 말씀하십니다.

"우리가 모두 그의 충만한 데서 받으니 은혜 위에 은혜러라."

우리의 속량은 사람의 모든 필요를 만족시키고 신적인 충만함에 대한 모든 도전에 답하는 완전하고 완성된 속량입니다.

이것이 사실이라면 나는 왜 우리가 완전한 지식을 가질 수 없는지 모르겠습니다. 요한복음 3:3-36에서 우리는 "위로부터" 났다는 것을 당신이 알기를 원합니다.

새로운 탄생은 인간의 능력이나 철학이나 심리학의 작품이 아닙니다.

우리는 "썩어질 씨로 된 것이 아니라 살아 있고 항상 있는 썩지 않는 하나님의 말씀으로" 태어났습니다.

야고보서는 그분의 뜻으로 우리를 낳으셨다고 말하고 있습니다.

"이는 혈통으로나 육정으로나 사람의 뜻으로 나지 아니하고 오직 하나님께로부터 난 자들이니라" 요 1:13

새로운 탄생은 말씀을 통한 성령의 역사입니다.

새로운 탄생은 우리를 그 안에서 완전한 자로 만듭니다. "그러므로 이제 그리스도 예수 안에 있는 자에게는 결코 정죄함이 없나니." 이 글을 읽고 말씀을 받아들이면, 당신은 전에는 알지 못했던 기쁨과 평안을 꽃피우고 열매 맺기 시작할 것입니다.

너무나 오랜 세월 동안 우리는 가난하며, 비참한 존재들이며, 가치 없고 합당하지 않다는 설교를 들어 왔습니다. 하나님을 떠나 있던 유대인들에게 쓴 성경 말씀을 교회에 적용하고, 거듭나지 않은 사람들에게 쓴 성경 말씀을 교회에 적용함으로써, 마침내 교회는 죄에 관하여 열등감을 가지도록 하였습니다.

죄의식을 가지고 무가치하다는 생각을 너무나 오랫동안 해 왔기 때문에 말씀은 거의 영향을 끼치지 못했습니다.

나는 오늘 당신에게 이 사실을 알리기 원합니다. 말씀은 완전한 메시지입니다. 당신은 아버지의 뜻에 대해서 완전한 지식을 가질 수 있습니다.

이런 말씀들을 찾아보면 흥미 있습니다.

"우리 주 예수 그리스도의 하나님, 영광의 아버지께서 지혜와 계시의 영을 너희에게 주사 하나님을 알게 하시고"엡 1:17

이것은 감각 지식이 아니라 그분의 지식이며 성령은 당신의 영을 이 지식으로 인도할 것입니다.

"우리가 다 하나님의 아들을 믿는 것과 아는 일에 하나가 되어 온전한 사람을 이루어 그리스도의 장성한 분량이 충만한 데까지 이르리니"엡 4:13

우리가 자라고자 하는 완전하고 충만한 지식이 있습니다.

이런 표현은 신약 성경, 특히 에베소서에 12~14번 나옵니다.

이런 말씀들은 나로 하여금 아버지께서 그분의 뜻을 우리가 알기를 기대한다는 것을 믿을 수밖에 없도록 하였습니다.

"우리로 하여금 빛 가운데서 성도의 기업의 부분을 얻기에 합당하게 하신 아버지께 감사하게 하시기를 원하노라"골 1:12

'두나미스dunamis'란 그리스어는 'power'라고 번역되었는데 능력을 의미합니다.

하나님은 우리가 빛 가운데서 성도의 기업이 무엇인지

를 알게 하는 것이 그분의 뜻이라는 것을 아는 능력을 우리에게 주었습니다. 예수님께서 우리를 모든 진리 가운데로 인도할 것이라고 한 성령님을 우리는 가지고 있습니다.

그분은 우리의 교사이며, 인도자이며, 우리 안에 계시면서 지시하는 분입니다. 아버지의 뜻과 그리스도 안에서의 우리의 위치와 신분과 권리와 특권에 대해 무지하여 약함과 실패 가운데 우리가 살아야 한다는 근거를 나는 찾을 수 없습니다.

예수님께서 이 땅에 사실 때 그러지 않으셨던 것처럼 우리도 아버지의 이름을 더럽히고 예수님의 이름을 더럽힐 권리가 없습니다.

우리는 하나님의 아들과 딸입니다. 우리는 하나님의 상속자요 예수 그리스도와 함께 공동 상속자입니다.

우리는 가족으로서의 권리와 특권을 가지고 있습니다.

첫 번째 특권은 아버지의 마음을 기쁘게 해 드리는 것입니다.

제17장
당신 자신의 믿음을 가지는 것

 당신 자신의 믿음을 가지는 것을 생각해 보십시오! 당신 자신의 기도가 응답되는 기쁨을 생각해 보십시오!

 한 어머니가 예배가 끝나자 내게로 달려와서 이렇게 말했습니다. "오, 케넌 목사님, 하나님께서 어젯밤에 내 기도를 들어주셔서 우리 애가 나았습니다."

 그녀는 그리스도인으로 수년을 살아왔지만 기도 응답을 받아 본 적이 없었습니다.

 한 할머니는 이렇게 편지를 써 보냈습니다. "당신은 내가 방금 느낀 기쁨을 결코 알 수 없을 것입니다. 나의 어린 손주가 아팠는데 매우 심각한 상태였습니다. 그때 나는 예수의 이름과 그리스도 안에서 나의 권리가 생각 났습니다. 나는 손주가 아파 누워 있는 방으로 들어가서 손주 옆에 무릎을 꿇고 팔로 안고서 예수 이름으로 그 질병이 떠나갈 것과 치유될 것을 명령하였습니다.

아이 엄마는 침대 옆에서 눈물을 흘리며 서 있었습니다. 아기는 눈을 뜨더니 자기 엄마를 쳐다보고 방긋 웃었습니다. 하나님께서 나의 기도를 들어 주셨습니다."

"나는 태어나면서부터 아팠던 내 딸에게 손을 얹었더니 내 딸이 나았습니다."

"이런 일이 내게 어떤 의미가 있는지 알기나 하십니까? 이렇게 나의 기도가 응답되는 것은 제 평생에 처음입니다."

이런 것은 여러분 모두에게 보통 있는 일이어야 마땅합니다.

대부분의 그리스도인들이 기도 응답을 받은 적이 없다는 것을 알게 된다면 내가 당신 자신의 믿음을 가지라는 말이 무슨 말인지 이해할 수 있을 것입니다.

대부분의 그리스도인들은 다른 사람들의 믿음을 의지합니다. 그들은 기도하는 것은 할 수 있지만, 믿는 부분은 다른 사람이 해 주기를 바랍니다.

실제로 그들은 기도를 하지 않고 있습니다. 그들은 단지 말을 반복하고 있을 뿐입니다. 왜냐하면 신약성경에서 기도는 믿음에서 나오는 것이며 항상 응답되는 것이기 때문입니다.

아버지께서는 모두가 믿음을 가지도록 계획하셨습니다.

마가복음 16:17-18에서 이 말씀을 본 적이 있습니까? "믿는 자들에게는 이런 표적이 따르리니 곧 그들이 내 이름으로 귀신을 쫓아내며 새 방언을 말하며 뱀을 집어 올리며 무슨 독을 마실지라도 해를 받지 아니하며 병든 사람에게 손을 얹은즉 나으리라 하시더라."

누구에게 말하고 있습니까? 방금 그리스도를 구원자로 영접하고 그리스도를 주님으로 고백한 남녀에 관해서 말하고 있습니다.

그는 방금 영생을 받았습니다. 즉시 그는 보이지 않는 어둠의 세력들과 싸움을 시작했습니다. 누군가가 아프고 묶여 있습니다. 그는 자기의 권리를 사용합니다. 예수의 이름으로 그는 사탄의 권세가 깨뜨려지도록 명령합니다.

사도행전 20:32은 믿는 자의 삶에서의 말씀의 위치를 보여줍니다. "지금 내가 여러분을 주와 및 그 은혜의 말씀에 부탁하노니 그 말씀이 여러분을 능히 든든히 세우사 거룩하게 하심을 입은 모든 자 가운데 기업이 있게 하시리라."

"당신을 든든히 세운다"는 말은 당신이 사람들을 도울 능력과 사랑과 믿음 안에서 든든히 세워진다는 뜻입니다.

당신의 믿음은 강력한 힘이 될 때까지 개발될 것입니다.

이것이 당신을 향한 아버지의 꿈입니다.

말씀은 당신의 의의 감각을 든든히 세워줄 것입니다. 나는 이보다 더 필요한 것을 보지 못했습니다.

우리가 의롭다는 의식을 하게 될 때 우리는 우리의 약점이나 실패를 생각하지 않을 것입니다.

"공의의 열매는 화평이요 공의의 결과는 영원한 평안과 안전이라"사 32:17

이 말씀은 이스라엘에게 속한 말이 아닙니다. 이 말씀은 교회에 대한 예언입니다.

하나님께서 당신 안에서 행하시는 의의 열매는 당신의 영에 평안을 가져왔습니다.

"그러므로 이제 그리스도 예수 안에 있는 자에게는 결코 정죄함이 없나니"롬 8:1

당신은 완전한 평안과 안식 안에서 살고 있습니다.

당신의 영의 의의 열매는 새로운 조용한 평안과 새로운 종류의 믿음입니다.

그리스도께서 완성하신 일에 대한 당신의 확신의 효과를 당신은 즐기고 있습니다.

당신이 환경의 주관자라는 것을 당신은 알고 있습니다.

당신이 귀신들의 주관자라는 것을 당신은 알고 있습니다.

당신이 손을 얹으면 그 사람이 치유될 것이라는 것을 당신은 알고 있습니다.

이 진리를 깨닫게 됨으로써 당신은 평안과 이전에 경험하지 못했던 기쁨의 충만함을 가지게 됩니다.

'영원한 확신'이란 놀라운 것입니다. 당신은 두려움과 의심의 불안한 분위기에서 빠져나와서 승리의 잔잔한 물가로 들어왔습니다.

당신은 종으로 섬기던 곳에서 주인이 되었습니다.

당신은 패배를 경험하던 곳에서 정복자가 되었습니다.

당신은 어둠 속에서 걷다가 빛 가운데 걷게 되었습니다.

당신은 그리스도 안에서 당신의 특권들을 누리고 있습니다.

마침내 당신은 당신 자신의 믿음을 가졌습니다. 마침내 당신은 도달했습니다.

당신은 요한복음 15:5이 무엇을 의미하는지 알고 있습니다. "나는 포도나무요 너희는 가지라 그가 내 안에, 내가 그 안에 거하면 사람이 열매를 많이 맺나니 나를 떠나서는 너희가 아무 것도 할 수 없음이라."

당신은 당신 안에 거하는 포도나무의 생명을 의식하는 것을 즐깁니다.

당신은 그리스도의 열매 맺는 부분입니다.

새로운 탄생으로 말미암아 당신은 그분 안으로 접붙여졌습니다.

이 접붙임은 당신에게 새로운 본성을 주었습니다.

당신은 사랑의 열매, 믿음의 열매와 같은 예수님과 같은 열매를 맺습니다.

세상은 이로 말미암아 유익을 봅니다. 당신이 가는 곳마다 그리스도인들은 그리스도 안에서 그들의 권리와 특권을 새롭게 의식하도록 높여집니다.

당신은 요한복음 15:7이 무엇을 의미하는지 알고 있습니다. "너희가 내 안에 거하고 내 말이 너희 안에 거하면 무엇이든지 원하는 대로 구하라 그리하면 이루리라."

당신은 자신이 그리스도 안에 거하고 있다는 것을 알고 있습니다. 당신은 당신 안에 거하는 그분의 말씀의 열매를 맺습니다.

당신의 입술에 있는 그분의 말씀은 실제적인 결과를 생산합니다.

예수님의 입술에 있는 아버지의 말씀은 병든 자를 고쳤습니다. 당신의 입술에 있는 그분의 말씀도 똑같이 역사합니다.

당신이 무엇을 요구하든지 그분이 주신다는 법적인

권리를 갖는다는 것이 무엇을 의미하는지 당신은 알고 있습니다.

'요구하다'라는 단어는 이 단어의 진정한 의미로 사용되었습니다.

요한복음 16:23-24에서 예수님은 말씀하셨습니다. "그 날에는 너희가 아무 것도 내게 묻지 아니하리라 내가 진실로 진실로 너희에게 이르노니 너희가 무엇이든지 아버지께 구하는 것을 내 이름으로 주시리라 지금까지는 너희가 내 이름으로 아무 것도 구하지 아니하였으나 구하라 그리하면 받으리니 너희 기쁨이 충만하리라."

"구하다ask"라는 말은 '요구하다demand'라는 의미입니다.

이 말은 당신이 그분에게 명령을 내린다는 의미로 사용된 것이 아니라, 당신이 은행에 가서 수표를 현금으로 바꿔줄 것을 요구한다는 의미입니다. 이와 똑같이 당신의 믿음은 당신의 것에 대해서 당신이 권리를 차지합니다.

마침내 당신은 야고보서 1:22-24이 무엇을 의미하는지 알고 있습니다.

"너희는 말씀을 행하는 자가 되고 듣기만 하여 자신을 속이는 자가 되지 말라 누구든지 말씀을 듣고 행하지 아니하면 그는 거울로 자기의 생긴 얼굴을 보는 사람과 같아서 제 자신을 보고 가서 그 모습이 어떠했는지를 곧 잊어버리거니와."

당신은 "말씀을 행하는 자"가 되었습니다. 당신은 단지 말씀을 듣기만 하는 자가 아닙니다. 당신은 거짓 소망을 믿음으로 착각하지 않습니다.

당신은 그리스도 안에 있습니다. 당신은 하나님의 상속자이며 예수 그리스도와 함께 하는 상속자입니다.

그분의 말씀이 당신 안에 거하고 있으며 결과를 생산하고 있다는 것을 당신은 알고 있습니다.

당신은 생산자입니다. 당신은 더 이상 시간이나 재고 있는 사람이 아닙니다.

당신은 이제 '당신이 어떤 존재인지'를 알고 있습니다. 당신이 하나님에 의해 능력을 행하는 새로운 피조물이라는 것을 당신은 알고 있습니다.

일전에 나는 새 차를 하나 보았습니다. 그 판매원은 이렇게 말했습니다. "이 차에는 160마력의 엔진이 장착되어 있습니다."

"이 정도면 언덕도 올라갈 수 있겠네요."라고 나는 대답했습니다.

그는 "산도 비웃습니다."라고 대꾸했습니다.

나는 신자 옆에 서서 이렇게 말했습니다. "저 사람은

하나님의 능력으로 행합니다. 그는 점수를 비웃습니다. 그는 높이 다니면서 승리의 노래를 부릅니다. 그는 종이나 부하가 아닙니다. 그는 그런 계급을 통과하여 주인급이 되었습니다."

아침에 그는 자신이 어떤 존재인지를 기억합니다.

그는 승리의 노래를 부르면서 인생을 맞이합니다. 그리스도의 말씀이 그 안에 모든 지혜와 사려 깊음으로 풍성하게 거하고 있습니다.골 3:16

말씀은 그에게 하나님의 일부가 되었으며, 살아계신 그리스도의 일부가 되었습니다.

날마다 예수를 죽은 자 가운데서 살리신 그 위대하고 강력한 영이 그 말씀을 그의 영의 의식spirit consciousness 에 세워줍니다.

그 안에는 그리스도가 형성되고 있습니다.

어느 날 그리스도는 그분의 모든 충만함으로 그를 다스리므로 마침내 그는 낮은 소리로 이렇게 속삭일 것입니다. "내가 사는 것이 아니라 내 안에 그리스도 께서 사십니다."갈 2:20

"그러므로 너희가 그리스도 예수를 주로 받았으니 그 안에서 행하되 그 안에 뿌리를 박으며 세움을 받아 교훈을 받은 대로 믿음에 굳게 서서 감사함을 넘치게 하라"골 2:6-7

성경 말씀은 그에게 실재입니다.

에베소서 4:7을 보십시오. "우리 각 사람에게 그리스도의 선물의 분량대로 은혜를 주셨나니"

이제 우리는 큰 것들을 향하여 올라갑니다.

안내자가 말합니다. "몇 분 내에 우리는 붉은 나무 지역으로 들어갑니다. 여러분들은 거대한 식물 세계를 보게 될 것입니다."

나는 기도실로 걸어 들어가면서 속삭입니다. "우리는 지금 영적인 붉은 나무 지역으로 들어가고 있습니다. 우리는 영적인 거인들 즉 슈퍼맨들을 보게 될 것입니다. 그들에게는 하나님이 거하십니다. 그리스도의 말씀이 그들의 입술에 풍성히 거하고 있습니다. 예수님을 가차 없이 십자가로 몰아갔던 그 사랑이 그들을 사로잡고 있습니다.

그들은 더 이상 자연인으로서 살고 있지 않습니다. 그들은 사랑 류, 기적 류에 속해 있습니다.

그들은 예수 류 Jesus class입니다.

그들은 낮은 류를 졸업했습니다.

그들은 하나님의 아들을 아는 지식과 믿음에서 하나가 되는 데 도달했으며 그리스도의 충만함의 장성한 분량에 이르도록 완전히 성장하게 된 남녀들입니다.

그들은 그들 자신의 믿음을 가지고 있습니다. 그들은

진리 안에 확립되어 있습니다. 말씀은 그들에게 실재입니다.

제18장
사랑의 동일시

우리는 새로운 피조물이 철저히 그리스도와 하나라는 것을 알았습니다.

우리는 새로운 피조물이 사랑과 하나이며, 그분과 하나이며, 사랑은 새로운 피조물과 하나라는 것을 알았습니다.

새로운 피조물은 그리스도의 몸입니다.

이 살아 있는 유기체는 하나님이 다스리며 하나님으로 채워져 있으며 여기서 사람들 가운데 사랑으로 행하며, 그분을 대신해서 그분의 일을 하고 있습니다.

사도행전 1장에서 누가는 성령으로 "예수께서 행하시고 가르치시기 시작했던 그 일들"이라고 말합니다.

우리는 그분이 남겨둔 그곳에서 시작했습니다.

우리는 그분이 내려놓은 그 일을 맡았습니다.

그분은 짐을 지시는 분, 사랑하시는 분이었습니다.

그분은 우리와 함께, 우리를 통하여, 우리 안에서 행하고 계십니다.

짐을 지시는 분

우리는 이제 그분의 짐을 지는 사람들입니다.
우리는 그분의 힘으로 그분의 짐을 지고 있습니다.
우리는 그분의 능력으로 그분의 뜻을 행하고 있습니다.
그분은 우리 안에서 그분의 삶을 살고 있습니다.
우리가 실제로 깨닫지 못하고 있을 수도 있지만 우리는 "더 이상 내가 사는 것이 아니라 내 안에 그리스도께서 살고 계신다"는 것을 알고 있습니다.
이 새로운 길로 걷는 법을 배운 이래로 우리는 감각 지식의 이전 길잡이들을 잃어버렸습니다.
그분은 "나는 길이다"라고 말씀하셨습니다.
하나의 길이 아니라 한 사람입니다.
이론이 아니라 실재입니다.
교리가 아니라 생명입니다.
이론과 교리는 그 의미를 잃었습니다.
그것들은 낡은 옛날의 껍질들입니다.
그것들은 수년간 우리를 묶어 두었습니다.

이제 우리는 그 안에 삼켜졌습니다.

"믿음이 강한 우리는 마땅히 믿음이 약한 자의 약점을 담당하고 자기를 기쁘게 하지 아니할 것이라 우리 각 사람이 이웃을 기쁘게 하되 선을 이루고 덕을 세우도록 할지니라." 롬 15:1-2

이것이 예수님의 방법입니다.

그분은 강합니다. 그분은 우리의 연약함을 담당하셨습니다.

이제 그분의 강함이 우리를 강하게 만들었습니다.

우리는 다른 사람들의 연약함을 담당합니다.

우리는 그들을 비판하는 사람들이 아닙니다.

그들이 실패했다고 우리는 그들을 정죄하지 않습니다.

우리는 내려가서 그들의 짐을 지고 그들 곁에서 나란히 걸으며 자유롭게 합니다.

우리는 사탄에게 잡혀 감옥에 갇혀 있는 사람들을 정죄하지 않습니다. 왜냐하면 우리도 종이었던 것을 우리는 기억하고 있기 때문입니다.

우리는 힘을 주는 사람들이며, 짐을 지어 주는 사람들이며, 어두운 세상에서 빛을 밝히는 리더들입니다.

예수님의 자리를 대신하는 것은 얼마나 좋은 사역입니까!

약한 사람들의 짐을 지는 삶, 다른 사람들이 힘이 있었다면 감당했을 짐들을 지는 삶, 믿음이 없는 사람들에 대해 믿음을 가지는 삶, 실패한 사람들에게 용기를 주고 어둠 속에서 오랫동안 살던 사람들에게 지혜를 주는 삶은 얼마나 좋은 사역입니까!

우리는 새 시대의 예수의 사람들입니다.

"아버지께서 나를 사랑하신 것 같이 나도 너희를 사랑하였으니 나의 사랑 안에 거하라 내가 아버지의 계명을 지켜 그의 사랑 안에 거하는 것 같이 너희도 내 계명을 지키면 내 사랑 안에 거하리라"요 15:9-10

우리는 그분이 사랑하셨듯이 사랑하고 그분이 그분의 삶을 쏟아 부으셨듯이 우리의 삶을 쏟아 부어야 합니다.

바울은 진정한 문제를 발견하고 고린도후서 5:13-14에서 우리에게 제시했습니다. "우리가 만일 미쳤어도 하나님을 위한 것이요 정신이 온전하여도 너희를 위한 것이니 그리스도의 사랑이 우리를 강권하시는도다 우리가 생각하건대 한 사람이 모든 사람을 대신하여 죽었은즉 모든 사람이 죽은 것이라"

바울은 자신이 미쳤다고 믿어질 정도까지 사랑을 믿었습니다. 바울의 대답은 이것이었습니다. "그리스도의 사랑이 나의 심장을 붙잡았습니다. 그리스도의 죽음은 모든 사람의 죽음이라는 것을 나는 깨달았습니다." 그리스도께서 사람을 위하여 죽게 한 똑같은 사랑이 바울의 심령을 강권함으로써 그로 하여금 그들을 위해 살도록 하였습니다.

사랑의 태도는 이것입니다. "그들을 위해 내가 죽은 것처럼 나는 그들을 사랑합니다." 로마서 9:3에서 사랑과 자신을 동일시하는 바울의 묘사는 이보다도 더 강합니다. "나는 한없는 마음의 고통을 겪었습니다. 나의 형제들을 위해서 내 자신이 저주를 받아 그리스도로부터 추방을 당하기를 원했습니다."

이런 글을 읽으며 우리는 결코 이렇게 될 수는 없을 것이라고 느낍니다. 그러나 그분이 우리를 사랑으로 만드셨기 때문에 어렵지 않습니다. 그분은 우리를 그분 같이 만드셨습니다.

그분이 지상에서 사셨던 것과 같이 우리가 이제는 지상에서 우리의 삶을 살고 있습니다.

우리가 사람을 향한 그분의 꿈을 차지하도록 하려고 그분은 우리를 차지하셨습니다.

이상하게 들릴지 모르지만 그분이 사랑하셨던 것처럼 우리가 사랑한다는 것은 아름다운 진실입니다.

우리는 그분의 사랑으로 사랑합니다.

우리는 사랑의 눈으로 사람들을 바라봅니다. 우리는

이렇게 말하곤 했었습니다. "그들은 자기들이 심은 대로 거두고 있을 뿐이야." 우리는 감각 지식의 눈을 통해서 그들을 보곤 했었습니다.

이제 우리는 이렇게 말합니다. "아버지, 제가 그들을 도와줄 수 있도록 도와주십시오. 그들이 힘이 없어서 감당하지 못했던 짐을 질 수 있도록 저는 당신의 지혜와 당신의 능력을 가지고 갑니다. 그들은 감각 지식에 속았었습니다. 주님께서 저의 자리에서 저의 짐을 지셨듯이 저는 그들의 자리에서 그들의 짐을 집니다."

우리는 사랑의 목소리와 사랑의 메시지로 그들에게 말합니다.

사랑의 전달자

그분과 우리를 동일시하는 것은 우리를 보좌에 앉힙니다.

그분이 우리와 자신을 동일시하신 것은 우리를 지도자들, 교사들, 위로자들, 돕는 자들, 짐을 지어 주는 자들의 위치에 있게 합니다.

그리스도께서 우리에게 오신 것과 똑같이 우리는 하나님을 사람들에게 가져갑니다.

우리는 담대하게 "우리를 보십시오."라고 말합니다.

그분이 사랑인 것처럼 우리는 사랑입니다. 우리는 사랑의 입술이며 사랑의 손과 발입니다.

송전선이 없다면 쿨리 댐의 그 강력한 발전기도 아무 도움이 못 될 것입니다.

전달자가 없다면 하나님의 그 모든 능력도 아무 도움이 되지 못합니다.

새로운 피조물을 통하지 않고는 그분의 사랑을 표현할 수가 없습니다.

그 대단한 발전기들도 송전선에 의존합니다. 송전선만이 발동기를 흔들며 미국의 북서지방의 집들을 밝힐 수 있는 전류를 나를 수 있습니다.

당신이 실패한다면 그분도 대책이 없다는 것을 볼 수 없습니까?

우리는 그분을 제한하거나 또는 그분이 제한받지 않도록 허락합니다.

수년 동안 그 강력한 콜로라도 강의 능력과 힘은 이용된 적이 없었습니다.

거의 이천 년 동안이나 하나님의 무한한 능력은 사용되지 않았습니다.

교회는 연약하고 무력했습니다.

죄가 주인으로서 다스렸으며 교회는 종으로서 섬겼습니다.

그럼에도 불구하고 그 교회는 사탄을 정복한 자인 새로운 피조물을 나타내고 있습니다.

이런 일이 지속되도록 계속 우리도 허락할까요?

당신은 이 강력한 동일시의 메시지 안에 있는 진리를 살펴보았습니다.

이 진리를 가지고 당신은 어떻게 할 것입니까?

우리는 열쇠를 들고 있습니다

다시 한 번 하나님께서 사람들 가운데서 위대해질까요?

그분께서 수많은 무리를 구원하고 치유하실까요?

수많은 무리가 사랑의 불이 붙은 입술에서 나오는 은혜의 메시지를 한 번 더 들을까요?

베드로가 한 번 더 파도 위를 걸을까요?

그들이 앉은뱅이에게 "일어나 걸어가라"고 말하는 것을 우리가 들을까요?

사람들이 사탄의 지배로부터 풀려나는 것을 우리가 볼까요?

물론 우리가 보게 될 것을 나는 믿습니다.

우리는 다스리는 자들입니다.

우리는 도달했습니다.

우리는 사람의 영이 갈망하던 것을 가지고 있습니다.

우리는 이제 이렇게 속삭입니다. "우리 안에 계신 이가 우리가 대면하고 있는 어떤 반대나 부족함보다 더 크다."

이렇게 말하는 소리를 당신은 들을 수 없습니까? "하나님께서 말씀하고 계신 것입니까?"

그분이 우리를 어떤 류의 남자와 여자로 만드셨는지 우리는 기억하고 있습니다.

우리는 두려워하지 않습니다.

마침내 우리는 다스리는 자들이 되었습니다.

우리는 하나님이 만드시고, 하나님이 안에 거하시며, 하나님이 능력을 주시고, 하나님이 인도하시는 사람들입니다.

우리 안에서 사랑이 실패하지 않는 그런 사람들입니다.

자, 올라가서 그 땅을 차지합시다! 우리는 충분히 할 수 있습니다!

결론

이 진리들이 우리 안에서 정말로 주도권을 얻는다면 이 진리들은 우리를 영적인 수퍼맨, 즉 귀신들과 질병들을 다스리는 자로 만들 것입니다.

이것이 그리스도 안에서 우리가 누구이며, 아버지께서

아들 안에서 우리를 어떻게 보고 계시는지에 관한 계시입니다.

이는 약함과 실패의 끝입니다. 이제 믿음을 위해 애쓸 필요가 없어졌습니다. 왜냐하면 모든 것들이 우리의 것이기 때문입니다. 그분이 우리 안에 계시기 때문에 더 이상 능력을 위해 기도할 필요가 없습니다. 우리가 그리스도 안에서 의이기 때문에 더 이상 끔찍한 죄의식의 속박은 존재하지 않습니다.

그리스도 안에서 우리가 누구인지 우리는 알고 있습니다.

그분이 우리 안에 거하신다는 것을 우리는 알고 있습니다.

그분의 이름의 권세를 우리는 알고 있습니다.

우리는 하나님이 우리 안에 계신다는 마음을 품고 있습니다.

우리는 그분의 능력을 가지고 있습니다.

우리는 그분의 지혜를 가지고 있습니다.

우리는 그분의 사랑을 가지고 있습니다.

우리가 그분의 의입니다.

그분은 우리 안에 살고 계십니다.

그분이 주되심은 실재입니다.

그분의 말씀은 우리의 영에 현재 시제입니다.

우리는 그분의 보좌가 있는 방에 들어갈 수 있는 초청장을 받아 두고 있습니다.

우리는 그분의 임재 안으로 담대히 들어오도록 초청을 받았습니다.

우리는 하늘에서 그분과 함께 앉아 있습니다.

그분은 땅 위에 우리와 함께 계십니다.

이런 엄청난 실재의 임재 안에서 우리는 일어나 우리의 자리를 차지합니다. 우리는 나가서 하나님이 안에 거하시는 수퍼맨으로 살아갑니다.

동일시되었도다

1. 십자가에 못 박혀서
   예수 그리스도와 동일시되었도다;
   인간의 영원히 버려진 죽음 안에서
   예수 그리스도와 동일시되었도다.

후렴 - 합창
   동일시되었네, 동일시되었도다.
   예수 그리스도와 동일시되었도다;
   과거, 현재, 미래의 그분의 모든 것 안에
   영원히 동일시되었도다.

2. 저주받은 땅속에 장사되어서,
   예수 그리스도와 동일시되었도다;
   그가 발견된 깊은 지하 감옥 지옥에서
   예수 그리스도와 동일시되었도다.

3. 지옥의 어둠의 권세를 이긴 승리 안에
   예수 그리스도와 동일시되었도다;
   그분이 끔찍한 죄의 값을 치르셔서
   예수 그리스도와 동일시되었도다.

4. 부활의 능력과 권세 안에서
   예수 그리스도와 동일시되었도다;
   바로 지금 하나님의 오른편에서
   예수 그리스도와 동일시되었도다.

5. 영광스러운 대관식 날에
   예수 그리스도와 동일시되었도다;
   그분이 왕국을 다스릴 권세를 행하실 때
   예수 그리스도와 동일시되었도다.

E. W. Kenyon

믿음의말씀사 출판물

구입문의 : 031-8005-5483 http://faithbook.kr

■ 케네스 해긴의 「믿음 도서관」 책들

- 새로운 탄생
- 재정 분야의 순종
- 나는 지옥에 갔다 왔습니다
- 하나님의 처방약
- 더 좋은 언약
- 예수의 보배로운 피
- 하나님을 탓하지 마십시오
- 네 주장을 변론하라
- 셀 모임에서 성령인도 받기
- 안수
- 치유를 유지하는 법
- 사랑은 결코 실패하지 않습니다
- 하나님께서 내게 가르쳐 주신 형통의 계시
- 왜 능력 아래 쓰러지는가?
- 다가오는 회복
- 잊어버리는 법을 배우기
- 위대한 세 단어
- 하나님의 은사와 부르심
- 그 이름은 "놀라우신 분"
- 우리에게 속한 것을 알기
- 성령을 받는 성경적 방법
- 하나님의 영광
- 은혜 안에서의 성장을 방해하는 다섯 가지
- 사랑 가운데 걷는 법
- 바울의 계시: 화해의 복음
- 당신은 당신이 말하는 것을 가질 수 있습니다
- 그리스도 안에서
- 말
- 방언기도의 능력을 풀어 놓으라
- 옳은 사고방식 틀린 사고방식
- 속량 – 가난, 질병, 영적 죽음에서 값 주고 되사다
- 네 염려를 주께 맡겨라
- 예언을 분별하는 일곱 단계
- 절망적인 상황을 반전시키기
- 당신의 믿음을 풀어 놓는 법
- 진짜 믿음
- 믿음이란 무엇인가
- 그리스도께서 지금 하고 계시는 일
- 충분하고도 넘치는 하나님 엘 샤다이
- 금식에 관한 상식
- 하나님의 말씀 : 모든 것을 고치는 치료제
- 가족을 섬기는 법
- 조에
- 당신이 알아야 하는 신유에 관한 일곱 가지 원리
- 여성에 관한 질문들
- 인간의 세 가지 본성
- 몸의 치유와 속죄
- 크게 성장하는 믿음
- 하나님 가족의 특권
- 기도의 기술
- 나는 환상을 믿습니다
- 병을 고치는 하나님의 말씀
- 영적 성장
- 신선한 기름부음
- 믿음이 흔들리고 패배한 것 같을 때 승리를 얻는 법
- 믿음의 선한 싸움을 싸우는 법
- 하나님의 계획과 목적과 추구
- 예수 열린 문
- 믿음의 계단
- 당신을 향한 하나님의 계획
- 역사하는 기도
- 기름부음의 이해
- 내주하시는 성령 임하시는 성령
- 재정적인 번영에 대한 성경적 열쇠들
- 어떻게 하나님의 영으로 인도받을 수 있는가?
- 마이더스 터치
- 치유의 기름부음
- 그리스도의 선물
- 방언
- 믿는 자의 권세(생애기념판)
- 믿음의 양식
- 승리하는 교회

■ E. W. 케년
- 십자가에서 보좌까지 무슨 일이 일어났는가?
- 두 가지 의
- 놀라우신 그 이름 예수
- 하나님 아버지와 그분의 가족
- 나의 신분증
- 두 가지 생명
- 새로운 종류의 사랑
- 그분의 임재 안에서
- 속량의 관점에서 본 성경
- 두 가지 지식
- 피의 언약
- 숨은 사람
- 두 가지 믿음
- 새로운 피조물의 실재

■ 스미스 위글스워스
- 스미스 위글스워스의 천국
- 스미스 위글스워스의 매일묵상
- 위글스워스는 이렇게 했다
- 스미스 위글스워스의 능력의 비밀

■ T. L. 오스본
- 행동하는 신자들
- 기적 – 하나님 사랑의 증거
- 새롭게 시작하는 기적 인생
- 좋은 인생
- 성경적인 치유
- 능력으로 역사하는 메시지
- 100개의 신유 진리
- 24 기도 원리 7 기도 우선순위
- 하나님의 큰 그림
- 긍정적 욕망의 힘
- 당신은 하나님의 최고의 작품입니다

■ 잔 오스틴
- 믿음의 말씀 고백기도집
- 하나님의 사랑의 흐름
- 견고한 진 무너뜨리기
- 초자연적인 흐름을 따르는 법
- 당신의 운명을 바꿀 수 있습니다
- 어떻게 하나님의 능력을 풀어놓을 수 있는가?

■ 크리스 오야킬로메
- 여기서 머물지 말라
- 이제 당신이 거듭났으니
- 당신의 인생을 재창조하라
- 이 마차에 함께 타라
- 그리스도 안에 있는 당신의 권리
- 성령님과 당신
- 성령님이 당신 안에서 행하실 일곱 가지
- 성령님이 당신을 위해 행하실 일곱 가지
- 기적을 받고 유지하는 법
- 하나님께서 당신을 방문하실 때
- 올바른 방식으로 기도하기
- 당신의 믿음을 역사하게 하는 법
- 끝없이 샘솟는 기쁨
- 기름과 겉옷
- 약속의 땅
- 하나님의 일곱 영
- 예언
- 시온의 문
- 하늘에서 온 치유
- 효과적으로 기도하는 법
- 어떤 질병도 없이
- 주제별 말씀의 실재
- 마음의 능력

■ 앤드류 워맥
- 당신은 이미 가졌습니다
- 은혜와 믿음의 균형 안에 사는 삶
- 하나님의 참된 본성
- 하나님은 당신이 건강하기 원하십니다
- 영·혼·몸
- 전쟁은 끝났습니다
- 믿는 자의 권세
- 새로운 당신과 성령님
- 노력 없이 오는 변화
- 하나님의 충만함 안에 거하는 열쇠
- 더 좋은 기도 방법 한 가지
- 재정의 청지기 직분
- 하나님을 제한하지 마라
- 하나님의 뜻을 발견하고 따라가며 성취하라
- 하나님의 참 본성
- 하나님의 최선 안에 사는 법

■ 기타 「믿음의 말씀」 설교자들

- 성령의 삶 능력의 삶
- 복을 취하는 법
- 주는 자에게 복이 되는 선물
- 믿음으로 사는 삶
- 붉은 줄의 기적
- 당신이 말한 대로 얻게 됩니다
- 예수 – 치유의 길 건강의 능력
- 성령 안의 내 능력
- 존 G. 레이크의 치유
- 믿음과 고백
- 임재 중심 교회
- 성령충만한 그리스도인의 지침서
- 열정과 끈기
- 제자 만들기
- 어떻게 교회를 배가하는가
- 운명
- 모든 사람을 위한 치유
- 회복된 통치권
- 그렇지 않습니다
- 당신의 자녀를 리더로 훈련하라
- 오순절 운동을 일으킨 하나님의 바람
- 주일 예배를 넘어서
- 신약교회를 찾아서
- 내가 올 때까지

■ 김진호 · 최순애

- 왕과 제사장
- 새로운 피조물의 실재
- 믿음의 반석
- 새 언약의 기도
- 새로운 피조물 고백기도집
  (한글판/한영대조판)
- 성령 인도
- 복음의 신조
- 존중하는 삶
- 성경의 세 가지 접근
- 말씀 묵상과 고백
- 그리스도의 교리
- 영혼 구원
- 새로운 피조물
- 믿음의 말씀 운동의 뿌리
- 1인 기업가 마인드
- 내 양을 치라
- 새사람을 입으라